ソーシャルワーカーズモノローグ

ダイアローグのための覚書

山岸倫子
Yamagishi Tomoko

はじめに

二〇二三年四月一一日。我が家の愛猫が旅立った。高グレードリンパ腫と診断を受けてから、一ヶ月も経たずに逝ってしまった。濁声で、脚が短く、ツンデレで誰よりも家族思いの彼女のニャン生は、一五年と三ヶ月で幕を閉じた。私も家族も、最後の一週間は特に、この子の日本語ではない声を聴こうと耳を傾け続けた。彼女のニャン生は果たして幸せだったのだろうか。幸せだったと思うよ、と家族で慰めあう。でも本当のところ、彼女が幸せだったかどうかは彼女にしかわからず、いや、もしかしたら他のニャン生を知らない彼女にもわからず、答えのない問いが宙に浮いたままで、その曖昧でぼんやりとした後ろめたさのかたまりを、「後悔」と呼ぶのかもしれない、と思う。

ただあるのは、私たち家族が、「彼女が幸福であること」をひたすら望み、彼女が幸福であるために彼女の声を聴こうとし続けたという事実だけで、それが自己満足ではなかろうか、と反芻し、いやいやそれ以上の答えなどはない、と打ち消し、日々を過ごしてゆく。我が家には、もう一匹猫がおり、犬までいる。だから、普段から私たちは、言葉が通じない（犬はおそらくわかっている。わかっているが従う気はさらさらない）相手、自分とは異なるものの存在の声を拾い上げながら、生活をしている。
猫の闘病中、私たちは何度も猫にこう言った。

「痛い？」「苦しいの？」「人間の言葉を喋ってくれればいいのにね」

了解可能な言語で、自身の置かれた状況を言い表してくれるというのは、なんて便利なのだろう。しかし同時に、それが可能な存在であるという前提のもとではきっと私たちは甘えてしまうのだろう。声をかけられた人（猫）が優しい場合、きっと「幸せだったの？」という問いに、嘘だったとしても「幸せだったよ」と答えるのだろう。
私の仕事は福祉であり、福祉とは、とても雑駁な言い方をすると人間の幸福を実現するための行動・活動・制度や社会のありようの総称である。もちろん近年では動物福祉という言葉もあり、人間だけを対象としなくなっているかもしれないが、とりあえず私は人間の幸福に関わることを志向する仕事をしている。日本での「福祉」は日常的にはとても小さな領域で語られることが多い。福祉の仕事をしていると言えば、「介護ですか、大変ですね」と言われるし、介護保険制度や障害者の支援サービスを指して福祉と呼ぶ人も多い。また、生活保護制度のことを福祉と呼び、「福祉にお世話になっているみたい」と口にし、「福祉が来た」と言う時には、福祉事務所の生活保護地区担当員を指したりもする。だが、福祉の本来の意味は、「人が幸福であるために必要なこと」を達成するための活動という点で、とても多岐に渡る。

だから、現場にいた私は、呪いの人形と言われる菊人形をお金をあまりかけず供養する方法を探したり、ごみの山の上でウルトラソウルを歌ったり、見知らぬ人のパンツを家人とともに畳んだり、というよくわからない活動をこれまでに沢山してきている。それが、その人の「幸福」への道のりの途中にある差し迫って具体的な課題だったからだ。全ての行動は、「幸福」に向けられる。「その人にとっての幸福」に。

当たり前だが、私の考える幸福は、他人の考える幸福とは異なる。四十数年生きてきて、息子も成人した今、私の幸福は穏やかで静かな時間であったり、家で作って家族で食べる地味で茶色っぽいご飯であったり、静かに猫を撫でる時間であったりする。巷では成功の証ともいえる都心のタワーマンションで幸福感を得ることはおそらくないだろう。一方で、自身がタワマンに憧れ、努力し、成功しやっと手に入れた場合は並々ならぬ達成感とともに幸福感を抱くのだろう。幸福は人によって違う。そんな当たり前の事実をベースにする福祉の仕事というのは、なんて奥が深いのだろうと思う。

この本で、私は人の幸福が何であるか、そしてそれをどのように知ろうとするのか、そのために何が必要なのか、今社会で、その幸福を阻害する要因として何が起こっているのかということを書こうと思う。学術論文ではないので、実証や立証のための文ではなく、正解とかそういったものを扱う訳ではない。ただ、福祉の仕事をする上で、私自身が社会をどのように捉えていて、何を大事にしているか、また大事にしていきたいか、などをひたすら書こうと思う。社会や経済については、感覚的な捉え方もあれば、研究者が展開している理論に乗っかる場合もある。正しいかどうかは、わからない。わからないが、幸福を追求するのがこの仕事であるから、最低限考え続けなければならないことであるとも思う。これを書きながら、幾度となく、「姿勢」であるとか「倫理」という言葉が頭を掠めている。つまりは、書きたいこと、伝えたいこと、というのはそういうことなのかもしれない。自身の名前にも一文字入っているこの「倫」という字は「人の道」を表す。福祉という仕事をする中で、私自身が大事にしていることは、究極的にはこの「人の道」とさえ言えるかもしれない。個人的なことではあるが、この文字を名前の中に組み込んだ親の思いを受け止めるためにも、考え続けなければと思う。

いわばこれは私のモノローグだ。電車のなかで、森のなかを歩きながら、布団の上でごろごろしながら、ご飯を炊きながら、ジョギングをしながら、私は日常の「現象」を構造化する。最近気になっていることや、今日出会ったあの人、その日読んだ新聞記事などを大きな文脈から捉え直そうとする。八王子の豊かな自然の中を走りながら、乾涸びたミミズを華麗に飛び越えるその身体の動きや力を意識してみたり、力の集積としての日常生活に思いを馳せたりする。そうすると、リレーで転んで二位になってしまって、学校にいけなくなったクライアントの娘さんのことなんかがポッと思い出されたりする。そうして、小さな虫の群れに突っ込んでしまったりする。顔や服に大量についた虫を拭いながら、「最期がデコの汗で水死とか、なんかごめんね」と思う。多分、虫はそんなことは考えておらず、そんなことを考えるのは、人間が人間だからなのだろうな、とも思い、「娑婆で死にたい」と言った前科八犯のおっちゃんが、希望どおり娑婆で死んだときのことを思い出したりする。そんなことを、取り留めなく考えている。具象を抽象で捉えたり、構造的にとらえたりすることも大体は日常生活の中でやっている。そしてそれをベースに、日々の労働をしている。その思考を書こうと思う。

繰り返しになるが、学術論文ではないので、この本の中には、日常のあれやこれやの風景の描写を盛り込んでいる。手元にあるとても小さな光景から、国家の話までをしてゆく。私にとって、福祉で追い求める「幸福」とは人が生きることと不可分であり、それはまた、自分自身が生きる主体であるということとも不可分だからである。客観的事実と呼ばれるようなものを書いていくスタイルがあってよい。いっぽうで、日常の生活の小さな場面から出発する本というのもまたあってよいのかと思う。そして、きっと特に目新しいことをいっている訳でもないのだと思う。先人達がソーシャルワークやその理論を展開する中で、辿った軌跡を辿っているような気もする。しかし、一方で、腹落ち、というか頭でわかっていることと、それを目の前の人に向けることとの間の距離はそれなりにあって、個別具体的な場面で、うっかりと脇道にそれていくことはままある。そんな手探りの「現場」を描こうと思う。

引用できる文献には制約があり、雑な印象が出ているかもしれない。しかし、これが、通勤時間往復で三時間～四時間、労働時間八時間、週五勤務で家族や趣味の時間を大事にしたい私の現時点でのスペックの限界だ。研究機関に身を置いている訳ではないので、専門書へのアクセス自体もそもそもかなりの制約がある。大目に見ていただければと思う。また、本当に少しずつ書き溜めているので、文体には揺らぎがある。ミステリを多く読んでいたときに書いた部分は、小説的な表現が多くなっているし、哲学書を多く読んでいたときに書いた部分は、少し小難しい問答のような表現がでてくるかもしれない。イキモノが生み出したものとして、ご笑覧いただければと思う。

たまに事例が出てくるかもしれない。しかし、この本に先だって出版させてもらった

『ソーシャルワーカーになりたい』や『ソーシャルワーカーのミカタ』同様に、個人情報保護の観点から、事例は架空のものを用いる。

また、引用文献については、顔見知りの著者も多く、敬称をつけて名を記述していたのだが、フロイトに氏をつけるかどうかで行き詰まり、敬称を省略させていただくこととした。なんとなく気まずいが、ご容赦頂きたい。

ソーシャルワーカーズモノローグ――ダイアローグのための覚書

もくじ

第三章　支援について語る

第一章　倫理について語る

1　観察、監視、管理と支援の分水嶺と権力という磁場

大変なことになってしまった。Kindle Unlimitedで気軽にダウンロードした山岳ミステリを気軽に読み始めたところ、すっかりハマってしまって、数ヶ月間熱が冷めず、数十冊ほどを読破してしまった。他に色々とやることもあるというのに。すぐに飽きるだろうと言い聞かせ、結構な時が過ぎた。一応、家事や仕事には影響は出ていないので、依存症という訳ではなかろう。ミステリにももちろん文学性があり、ハマったミステリは、まるで自分自身が山に登っているかのように、目をつむると木々が見えてくるような景色の描写がある。だがそれ以上に、ミステリとしての醍醐味がある。謎解きだ。謎が謎である以上、謎を解きたいという衝動をもち、ああでもないこうでもないと想像を廻らせてゆく。点と点が繋がり、物語としてのプロットが見えたときに、謎が解ける。その刹那のような瞬間が、好奇心を満たし、「面白い」となるのだ。

推理小説や刑事ドラマで、その「ああでもないこうでもない想像」を「筋読み」と言っているのを耳にする。「オイ新人。お前の筋読みを言ってみろ」なんていう使われ方だ。新米刑

事は部屋をグルリと見渡す。「部屋の主は大雑把な性格だったように思います。服が乱雑に置かれているし、冷蔵庫の中なんてまるで規則性がありません」などというぐあいに、「状況から想像をめぐらせて、人物像を見立てる」ということをやる。さらには、こんなことも言う。「全体的にズボラな感じなのに、このファイルだけはやたらと几帳面です」などと、「違和感」を発見し、「このファイルはマルヒ（容疑者）がファイリングしたものではないのではないでしょうか。このファイルに関わった人物になんらかの恨みがあってマルヒは行動にでたのではないでしょうか」などと推測していく。そして、その筋読みをもとに、検討してみて、矛盾が生じる場合には、筋読みは外れた、となり、新しい筋読みを開始する。こうやって一つ一つ「筋」を想定し、対処し、可能性を潰していく。

翻って私。クライアントの部屋を訪問すると、部屋のもつ空気感を感じたあと、可能なかぎりグルリと部屋を見回す。ミステリと違うのは、目の前にクライアントがいることなので、失礼に当たらないように。見ることが目的ではなく、会うことが目的であるけれど、見ることは暗黙の合意に基づいてなされるという、実に微妙な立ち位置で部屋に入る。あれ、八月に来たときは、カレンダーはきちんと八月だったのに、一〇月になった今も八月のままだ、具合悪いのかしら、忙しかったのかしら、認知症を発症したのかしら、なんて想像をめぐらせる。ふと考える。

——これって、「筋読み」と何が違うんだろう?

なんとなく、刑事が犯罪の現場でやることと、福祉がクライアントを目の前にしてやることが同じかもと考えることとさえ、不謹慎な気持ちになるのはなぜなのだろう、と思うし、こうやって書くこと自体が「福祉のクライアントは犯罪者ではないぞ」とお叱りを受けそうな気さえする。なんだか、アンタッチャブルな領域であるようにも思う。しかし、やっていることは紛れもなく同じようなことなのだ。「行為」は同じ。でも「意味」が違う。いや「意味」もきっと同じだ。

刑事の家宅捜索はネガティブなものとして語られる。一方、福祉の訪問は「暖かさ」というポジティブさを伴って語られる。現に「相談員さんが来てくれましたよ」なんていうフレーズもよく耳にする。それを一体どのように理解すべきなのだろうか。

一三年前のある日。昼下がりのマクドナルドで、Mサイズのポテトを食べながら、私は大きな衝撃を受けていた。その衝撃は、大熊一夫の『ルポ・精神病棟』(1981)[1]という本によってもたらされた。中身も去ることながら、途中まで読み、「あれ? これって刑務所の本だったかな……いやいやいや、違う違う」と気づいた時に、大きな衝撃をうけたのだ。走り回る子どもたちがたくさんいて、ハッピーセットをねだって泣いて転がる子、ひたすらハンバーガーを食べている子、よくわからない擬音と共に変身ポーズをとっている子どもたちの賑やかな声が響くマクドナルドの店内。私は衝撃によりいったん本から目を離し、その一般的には「幸せそうな」光景を呆然と見た。その自由で幸福で陰りがないように見える空間と、本とのギャップになんとも言えない後味の悪さを感じたのだ。記述された精神病棟はまるで刑務所のようだった。いや、刑務所だって今はそこそこ人権が守られている。ただ病気である、障害を持っているというだけで入れられたそのハコの中で、まるで卑劣な犯罪者に対する前近代的な拷問のようなことが行われていることを、手元の小さな紙の塊が教えてくれる。そのありようを「理不尽」以外になんと表現できようか。

『ルポ・精神病棟』が書かれた時代、まだ精神障害者は福祉の対象ではなかった。治安維持や取締の対象として扱われていた頃よりは少しはマシになっていたかもしれないが医療（長期入院）や閉じ込めの対象であった。障害者基本法が改正されて精神障害者が福祉の対象と定められた一九九五年から、すでに三〇年近く経った。今はさすがに非人道的なことはなかろう、と思いきやそうでもない。類似の事件はつい最近も起こっている[2]。こうやって考えてみると、犯罪者への眼差しと福祉の対象者への眼差しをわかつものは、さほど遠いものではないように思う。少なくとも、福祉の対象であると定められた一九九五年より後も、ひどい事件がなくなっていないことを考えると、福祉の対象者への眼差しは犯罪者に対する眼差しに近いものになっていく、何らかの誘因があるように思えるのだ[3]。言い過ぎかもしれない。しかし、そんなことをするはずがないと憤る人ほど、クライアントの自己決定を実に軽やかに無視して、本人の望まないサービスをあてがっていったりする。そこに、「支配」や「管理」の意識は本当にないだろうか。そして、それは、発覚するとフルボッコになる精神病院の虐待の構造とそんなにも違う次元のことなのだろうか。

この分水嶺が、さほど明確ではないということを意識したとき、私の中に恐怖が宿る。管理的になることが、私は怖い。クライアントの部屋に入るとき、その自分のいやらしい眼差しにゾッとする。問題を見つけようと、ハゲタカのように部屋を見てはいないだろうか、と気をつけながらも、「それとなく見ること」をやめない。そして、それが、なんのためなのか、瞬時にわからないことがある。人物理解のためなのか、下世話な好奇心なのか、管理のためのネタ探しなのか、はたまた粗探しなのか。まるで、火事の現場に、野次馬として行くことはするまいと思っているのに、ちょっと脇目で現場を見ているようないやらしさがそこにある。心配と好奇心が織り混ざるような眼差し、そして自分都合な眼差しを向けてはいないか、と不安になる。そして、「見ること」自体はあって良いものだし、支援をする上ではあった方がよいようにも思う。同時に戸惑いそのものも、あった方がよいように思うのだ。ためらいなくハゲタカになれるのであれば、あっという間に私たちの視線は、犯罪者に対するそれと同義になる。

私は、現時点では、私たちの「見る」が「その人のためになること」を目的として「かろうじてぎりぎり肯定されうる」と考えている。変な日本語だと思うが、必ずしも肯定されると言い切れる自信がないので肯定されうるという消極的な表現にとどめたい。また、その目的は「可能なかぎりの良好な関係性に支えられる」。だから「その人のためにならない」目的のために、クライアントやそのクライアントの居住環境を見たときに、そしてポジティブな「関係性」が築かれていない場合に、「見る」という行為は限りなく管理を前提とした監視に近づいていく。そして最も難しいと思うのが、「その人のためになること」はそれほど自明ではないということだ。福祉の人間がその人の為になると思っていることと本人にとって本当に良いことの間には、ズレがあることも多いし、長期的には本人の為になることでも、その時その時の本人の幸福度をいちじるしく下げることもある[4]。ミステリの中では、「こいつ、早く捕まえてやらんとな」「この犯人は捕まりたがっているのではないでしょうか」というセリフもよくあり、必ずしも家宅捜索の目的が「その人のためにならない」とも言い切れず、ますます、それらを分かつものは不明瞭だ。

ソーシャルワークの技法の中に「観察」という言葉があるが、私はこの「観察」という言葉が嫌いだ。観察という言葉は、初めから見られる人を客体として規定してしまう。相手がメンタルのいかつい人であれば、「何ジロジロみてんだ」となるが、相手が弱いものである場合、不快の意は示せない。冷蔵庫を勝手にあける支援者が嫌だ、良い人だけど嫌だ、でも良い人だから言えない、仕事だもんね仕方ないよねとこぼすクライアントがかつて何人かいた。「観察」は、容易に「監視」、もっと言えば「管理」につながっていく。見られるということの「気持ち悪さ」は、「見る側」に立つと無頓着になりやすいものである。

一方で私たちはまぎれもなく「観察」と呼ばれる行為で情報を収集する。その方が「豊かな人物像」を描け、人物理解に繋がり、結果的にクライアントが言語化できないニーズや希望を拾い上げることができるからだ。「自分なんてもう生きている価値がない」「何もいいことなんかなかった」という人の家に飾ってあったプリンセスプリンセスのCDが、本人から語られてこない楽しかった時期を物語ってくれることがあるし、「働ければなんでもいい」と言っていた人の家に行ったら、カブトムシのケースがいっぱいあって、昆虫や動物が好きで、できればそういうことに携われる仕事に就きたいと考えていた時期があったことが、私がカブトムシを見ることによって本人から語られたりする。だから、一概に見てはいけない訳でもないし、見た方が支援は豊かになる。支援をする上では、情報は多いほど、よりポイントをはずさなくなる（ポイントを外した支援は、クライアントに傷つきを与えたり、我慢をしいたりする）。

このディレンマをどのように捉えるか、について私が怪しさ満載の方便として考えたのが、見る目的が、「人物理解であること」、「人物理解を通してその人のより良き生を実現する手助けをすること」の場合のみ、「見ること」はぎりぎり正当化されうるというものだ。厳密に言えば、それだけでも足りない。本人が困っていて「なんとかしたい」と思っているということも肯定のための一つの要因になる。さらに言えば、それとて万能ではない。なんとかしたいと思っていないクライアントもまた多いのだ。こんなぐあいに、見ること、が肯定されるには、状況に即し、複雑な条件が必要となる。怪しさ満載であると書いたのは、見る事に免罪符を与えないための自戒でもあるのだと思う。現に、いつも「見る」ときに、ある種のうしろめたさを伴っていて、開き直って「いろいろと見てきてやる」という気持ちには到底なれないということがある。

それは、抵抗していないにしても、助けを得るために恥辱を受け入れるというクライアントの覚悟に報いる支援ができるだろうか、という不安の表れでもあるかもしれない。見たところで、気づいたところで何もできないということもよくある。ＡＥＤでセクハラが問題になるように、命が助かるために必要であったとしても、公衆の面前で服を脱がされるのは恥ずかしい。恥ずかしいものは恥ずかしい。どんなに背に腹はかえられぬという状況でも、人間には誇りがあり、それを侵されることに対する羞恥があるからだ。覚悟に覚悟でこたえるという姿勢のみが求められているようにも思う。

そして、もう一つの条件としての「人物理解を通して構築された関係性」による合意が絶対に必要であるという点も見過ごせない。通常、親密な誰かに見られるとき、「見守ってくれている」とか「好かれている」というポジティブな感情を抱く。一方で、苦手な誰かに見られていると「監視されている」と感じ、「キモい奴がこっちを見ている」と口走ったりする。場合によっては警察に駆け込む。要はその人にとって「どんな存在」が見ているか、という事により、「見る」の意味は変化する。先に、「相談員さんが来てくれましたよ」なんて言われることも多い、と書いたが、これが生活保護の地区担当員の立場だとまた違う。地区担当員は、生活保護法に基づき生活保護を適正に運用する責務を負っている。よって、保護の可否について調査をする立場の人間である。また、生活保護法第二七条には、指導指示についての記載があり、ケースワーカーは受給者に対して、指導指示の権限を持つ。よって、ケースワーカーが訪問という事になると、「ワーカー、また来るってよ」とネガティブな表情や表現をする人も多い[5]。カブトムシの事例も、私が就労支援員の立場で見たのであれば、先のような反応になるだろうが、ケースワーカーの立場や生活保護の面接相談員の立場で見たのであれば「贅沢でしょうか?」「売らなければ（資産活用しなければ）いけないですか?」と身構えるだろう。そして、それは「職責」だけではなく、どういった振る舞いをしているかによっても左右される。たとえ私が就労支援員の立場で「見た」としても、「この人は、ケースワーカーの手先」ととらえられていれば、ケースワーカーが見たときと同様の反応になるだろう。

そこで多くの支援者は「親密な誰か」として認知されようと色々と工夫する。よくあるものが「雑談」だ。支えるもの、支えられるもの、という関係性を規定する話題以外を振って、権力構造を軟化させるようにふるまい、「好かれる」ように努力する。実際にそれでうまくいくことも多い。

そして、もう一つ、親密な誰か、になるためのコツがある。生活保護の相談員をしていた時に、一番初めに面倒を見てくれた上司から、生活保護の適用にならない状態であっても、必ずお土産を持って帰ってもらいなさい、と言われていた。何か本人が得をしたと思える情報を持って帰ってもらいなさい、と。そこで、私は他法の情報、例えば「この職歴であれば年金をもらえるかもしれないよ、調べるにはここに行けばいいよ」とか、「確定申告してないからめっちゃ税金取られてますわ、これ手続きしたら返ってくるかもよ」とか、「会社やめても、最長一年半までは傷病手当がもらえるから、会社辞める前に手続きしてみたら？　辞めたらハードル高くなるから」とか、「パンの耳を探しているなら○○町のパン屋さんだと五〇円だけど」とかさまざまな「お土産」を用意した。何も渡せない時には、せめてもの労いの言葉をかけたりもした。これは「ケア」の提供だ。信頼されていたかどうかはクライアントに聞かねばならないが、支援者は信頼を得るために、自分の知っている情報を手渡すのだ。友人や家族のように心配の言葉をかけ、雑談で警戒をとき、専門家として有益な情報を渡して信頼を得て、「親密な誰か風」になる。これは、きっとスマートなやり方だ。

八〇歳のおばあちゃんに「あなたと話をしているとお姉さんと話をしているようだわ」と言われたとき私の実年齢は三〇代で、なんとも微妙な評価を得たもんだ、と苦笑いした。私はそのおばあちゃんが欲している情報や言葉を積み重ねていって、彼女の望むような存在をほぼ無意識に「演じ」、彼女はその役名を「姉」と命名したのだ。しかし、私は彼女の姉ではない。八〇代でもない。友達のように振る舞っても、私たちはクライアントの「本当の友達ではない」。これは圧倒的な事実だ。ある種の一時的なファンクションであり、フィクションなのだ。

クライアントに友達を選ぶ権利があるように、支援者にも友達を選ぶ権利があるにも関わらず、自分の好き嫌いに関係なく、「友達」や「家族」等の親密圏の人のようにふるまう。これを私たちはほぼ無意識にやっているし、それが結果として良いこともあるが、構造に気づくと騙しているようで居心地が悪い。私は実の家族のことは夜中でも心配するが、クライアントのことは家に帰ってからは生死に関わる状況以外は心配しない。そこで、役割や機能としての家族をその時間だけ提供しているという、どうにもならない非対称性を感じるのだ。「でも、あなたは本当の友達ではないですよね？」と口にしたクライアントもいたが、とても鋭い指摘だと思い、私はドキリとした。「疑似友達」や「疑似家族」に一時的に化けるが、基本は一時的なのだ。「関係性からの離脱」や「課題からの離脱」を前提としているという点で、初めから大きな権力差がある。もちろん、若かりし頃はそんなことは全然考えていなくて、せいぜいしゃがんで目線を同じにして、丁寧に喋ればそこに対等性が生じるということを考えていたが、経験を積み重ねていくにつれ、払拭できない権力性に申し訳ない気持ちが強くなってきた。

そもそも、支援者のもつ「権力性」や「暴力性」に私たちは一体どの程度意識的だろうか。私はふと、院生時代にゼミで読んだ本のタイトルを思い出した。その本は、「優しさの名のもとに」という副題を伴ったレスリー・マーゴリンの『ソーシャルワークの社会的構築』である。ゼミでこの本を読んだときはその主張はわかったようなつもりだったが、ピンと来なかった。現場を踏んでいなかった私にとっては、読めはしても「理解」はできていなかったということなのだろう。

これは山岳ミステリを読んでいる場合ではない、と私は持っているはずのその本を探した。本棚、押し入れ、開かずの押し入れまで開けてみる。院生時代から四度ほど転居を繰り返しているため、本当にあるのかどうかさえ怪しくなってきた。やむを得ず、アマゾンでポチッと新たに購入したその本は、程なくして私の手元にやってきた。新しく届いたその本を開いてみる。電車の中で、カフェの中で、寝落ち前の数分、というぐあいに読み進める。今ならわかる。なんて素晴らしい本がこの世にあるのか。唯一の難点は、厚くて重いことだ。持ち歩くと、リュックがとたんに重くなり、アウトドアブランドのリュックで本当によかった、という重量になる。寝っ転がって読んでいて寝落ちすると、顔面にかなりの衝撃が走る。この本の背表紙の厚さを測ってみたところ、三・五センチもあるのだ。三・五センチにわたり、マーゴリン氏は、ソーシャルワークの権力性について丹念に描いているのだ。その中の一節を紹介しよう。

> たとえば、ソーシャルワーカーによる家庭訪問が行われている間、そこにはつねに監視の事実が存在している。しかし、そこにはまた、監視の機会を増大させるために、その監視されているという事実から関心を逸らそうと計算された努力が行われているのである。[6]

さらに、こうも言う。

> 友情は、観察対象者に、監視されていないと確信させることができ、それによって、ソーシャルワーカーの調査能力を劇的に向上させた。[7]

この文に出会ったとき、私は脳天を打たれた気がした。そうなのだ。常々感じている「気持ち悪さ」はまさにこれだと。見ていないようなふりをして見ていたり、フランクで親しみやすい話し方をしてクライアントの警戒をとき、多くを語らせたりということを、私たちは、「優しさの名のもとに」やり続けている。しかし、一番の問題は、マーゴリン氏が同著で指摘するように「ソーシャルワークは「善い行いをすること《ドゥーイング・グッド》」だという信念があり、（中略）そして、ソーシャルワークは本質的に善であるという信念が強ければ強いほど、ソーシャルワークは批判を免れ」[8]るということだ。

前ページで、見ることに対する私の思いをぐちゃぐちゃと書いた。しつこかった自覚はある。しかし、とても簡単な言い方をすると、「善い行い」にはケチがつけにくい、ということで、それゆえに冒頭記したように、クライアントの部屋の中で刑事とソーシャルワーカーが同じことをしているということに対して、アンタッチャブルな感を抱くのだろう。しかし、ソーシャルワークをやる以上、この「優しさの名のもとに」なんとなく肯定される権力行使は免れない。強く振る舞うか、優しく振る舞うか、先生のように振る舞うか、ともだちのように振る舞うのか、の違いはあっても、本質的な部分では権力は無効化されず、私たちは、権力を行使し続ける。見るものと見られるものは絶対的に規定される。もちろん私たちもクライアントから品定めをされることもある。「こいつは何をしてくれるのだろうか」というクライアントからの眼差しは確かにある。しかし、それはほとんどの場合「権力を行使される側が、生命をかけられるかどうかのギリギリのところで抵抗している」にすぎず、私たちは実に簡単にクライアントを「見捨てることもできる」という点では、「見られなくなる」という選択肢をとることもできる[9]。また、配置がえや担当がえ等で、組織として「視線」からの離脱策を講じる場合もある[10]。

福祉の領域では、いとも簡単に「見守り」という言葉が使われる。かつて重度の障害者たちは、施設からの解放を求めて闘った。一九七〇年代のことである。親なき後の生活保障の場として大きな施設が各地に建てられたが、当事者たちはそれに抗った。施設生活の批判の論点はいくつもある。ゴッフマンの『アサイラム』[11]が代表例だ。障害者が声を上げ始めた当時、施設ではアイデンティティのはく奪が日常的に起こっていたし、また、ノーマライゼーションの理念[12]に基づいても地域のなかで暮らしたい、と当事者たちは主張した。誰もが地域で暮らせることが、当たり前である、と当事者たちは考えた。

私もそう思う。しかし一方で、世間は言う。「なぜ、安心安全を放棄するのか」と。施設に入っていれば、衣食住が保障されている。「見守りがあるから安全」という。私もそう思う。何か、リスクを抱えた人を見ると、「一人の時に何かあったら……」と思い、すぐに、「見守りのあるところに入所しませんか」と言いたくなる。もちろん、差し迫ったリスクであるときは、そういう選択肢を取らざるを得ないこともある。説得することもある。特に私のフィールドである困窮者の領域では、一刻を争うことがあったり、そもそも本人の意志を尋ねられるほどの選択肢が現状ではなかったりもする。また、家――ハウスではなくホーム――を持たない人々にとっては、ホームの機能を一時的に必要とする人もいる[13]。

しかし、「見る」ということは本来プライバシーに侵入することでもある。他者のプライバシーに侵入するときには、それ相応の理由がいる。はじめに書いた「犯罪捜査」もその理由の一つである。しかし、権力が暴走しないように、通常家宅捜索となるまでに証拠を重ねる。家の中を見るというのは、プライバシーに侵入することであり、それが正当化されるのは、証拠に証拠を重ね、その証拠により、プライバシーを侵すことをやむなしと裁判所が認めた場合である。そうして、「捜索令状」が発出され、初めて権力を行使することが許される。フライングで家の中に踏み込むと、それは「越権行為」となる。

一方で、福祉において、権力の暴走はあまり問題視されていないように思う。もちろん、施設における明確な身体的暴力等は、障害者虐待防止法や高齢者虐待防止法などの成立もあり、問題として告発されることが増えてきているが、もっと小さな日常の「侵害」は、至るところにあるのではないか。

「その人の為に」という言葉は、「見る」という行為に「見守り」という価値を付与する。誰も立ち入ることのできない「善意」発の行為だから、「見る」と「見守り」の間にある距離がきちんと測定されない。しかし、見ることは簡単には見守りにつながらず、実際は、枝分かれしている。見守りとして機能する場合と、監視として機能する場合に、だ。そして、その分岐は、まるで遭難しやすいと言われる丹沢山塊の登山道のように、「どこで間違ったかもわからないほどに間違えやすい」。しかも、アンタッチャブルな領域なので、間違えても指摘されにくく、検証もされにくい。それゆえ、支援者は基本的に、常に自己を覚知し、反芻し、律することが求められるのだ。「人助けのためなら何をしてもいいと思うなよ」と自分に言い聞かせる。そうしなければ、権力は間違いなく暴走する。

見るという行為は、「他者の為」であることによってのみ肯定的に規定されうるが、「他者の為」を振りかざせば、見るということが必ず肯定される訳ではない。それを忘れてしまったのならば、私たちはアッという間にクライアントを犯罪者のように監視するような存在になってしまう。見守りとして機能するのか、誰も異を唱えることができない本人でさえも異議を唱えられない家宅捜索として機能するのか。常に胸に手を当てて考えたいことの一つである。

眼差しの権力性というディレンマがいつも私の足元にあり、しつこめでぐちゃぐちゃとした記述につながっている。しゃがんで目線を落としてみても、自己開示風なことをしてみても、「権力差は絶対に埋まらない」。その事実を纏いながら、それでもなお、「なるべく負荷なく見られてもらう」ための努力を重ね、覚悟に応える覚悟をもつ。それが、誠意とか、真摯な態度とかいった類のものではないかと思い、そのために私は、ぐちゃぐちゃと言い訳めいたことを書いたり自戒したり本を読んで反省したりしながら反芻を重ね、そのぐちゃぐちゃをまとったままクライアントに向き合わねばならない、と思うのだ。

尾崎新が「ゆらぎ」と表現しているのは、私が纏っているこの「ぐちゃぐちゃ」なのかもしれないと思ったのは最近のことだ。

援助者としてつねに明確な助言を提供する力でも、迷いを通過せずに判断を下す能力でもなく、迷い、動揺し、わからなさや無力さに直面する力についてである。[14]

さらに、尾崎は、社会福祉実践の本質は「ゆらぎ」との直面であるとまで言っている[15]。『「ゆらぐ」ことのできる力』という本の中で、それぞれの実践のゆらぎが丁寧に綴られる。そして、それは、「他者性」と不可分な形で語られている。私がいてあなたがいる。私－あなたの間に発生する異質な物＝他者が「出会った」ときのコンフリクトから出発する。そして、それは権力性を帯びる形の関係性の中で進行する特殊な人間関係である。その中で、私たち支援者は、当然に他者としてのクライアントに出会い、戸惑う。その時に生じるコンフリクトを感じることがなければ、そこに対話は生まれないのだろうと思う。だから私たちは、考えることが必要なのだ。見るということについて、関わるということについて、そしてそれが支配に変わる分水嶺を考え続けなければならないのだ。

2　他がため、我がため

「ありがとうございます。助かりました。相談に来てよかったです」と言われると、ああよかったなぁと思うし、満たされる気持ちを持つ。そのこと自体は否定しない。四〇を結構前に過ぎて、承認欲求も枯渇してきているが、それでもなお、「あなたに相談してよかったです」と言われると、少しだけ誇らしい気持ちになる。そんな時、ふと不安な気持ちになるのだ。私は「この言葉がほしくて支援をしたのだろうか」と。

福祉には、「やりがい」という言葉が付きまとう。やりがいという言葉はやりがい搾取のようにネガティブな言葉もあるものの、だいたいはポジティブなイメージで語られる。求人広告には「やりがいがある仕事です」と表記されるし、採用面接をすると「やりがいは何ですか」と聞かれることも多い。

そんな時、私はいつも困ってしまう。やりがいなんてないよ、と言いたい気持ちはあるが、やりがいは確かにある。ただ、それは、やりがいを度外視して他者の為に賢明に働いた結果としての副産物でしかない。はなから「やりがい」を求める。それでは、やりがいの充足の為にクライアントがいるようなものじゃないか、とアマノジャクな私は思ってしまう。私は、自分の食い扶持の為に、自分の欲求充足の為に、弱者を利用しているのではないか、という思いを、ずっと持ち続けている。本当にそれは、他がための行為なのだろうか、と。

ここ数年は、ヤングケアラーが注目されている。その前は、八〇五〇問題。その前は引きこもり。福祉の世界では定期的に「新しい問題」が注目され、口を開けば「新しい問題」の話題という事が多々ある。今はSNSがあるので、あっという間に「バズり」「拡散され」、現象が「消費」される[16]。その感じが、私はとても苦手だ。なかには、本当に必要性を感じて重要な役割を担っている人もいるだろう。現に困っている人がおり、救われる人も多い。しかし、私にとって、ヤングケアラーの問題も、八〇五〇の問題も、引きこもりの問題も、「現れ方の違い」や「たどってきた経緯の違い」程度の違いはあれど、かかわりにさほどの特殊性を感じない。学校に来て居眠りばかりしている子がいれば、「どうしたの?」と聞くし、「親の面倒を見ている」と聞けば、「いやいや、それで教育の機会を享受できないのはちょっと……どうにかした方が良いんじゃないだろうか」と考え始める。子どもにも人権があることを意識していれば当然のことで、子どもの権利が脅かされているのであれば、権利を行使できる環境を整える。ただそれだけのことだ。そして、そこには子ども自身に安心して、誇りを持って権利を行使できるような気持ちになってもらうことも含まれる。

けれど、新しい言葉が出てくると、多くの人が「群がる」。そんな時、「誰のための支援なのだろう」と首をかしげるのだ。気持ちはわかる。私たち支援者は「困っている人」を見つけると支援欲求が湧く。社会問題の社会的構築という言葉があるが、問題は「言語を通した」異議申し立てにより、社会の中で問題として立ち現れる。同じ現象でも、異議申し立てがない限りは、社会問題として発現してこない。

適応的選好形成という概念は、実行可能な環境に応じて選好が変わることを指すが、人間は、置かれた状況によって、選好を形成する。苦しくても、辛くても、そうではない世界が手に入らないものであると思ったのなら、またそうではない世界を知らなければ、それが不当な状態であるとは思わない。ヤングケアラーの子どもは、「親への愛情」という疑いようのない規範の中で、「親の為になりたいと自発的」に、「うちはこうだから」と言い聞かせ、日常を生きていたりする[17]。だから、小さな子どもが母の介護に多くの時間を費やすことに幸福や充足感を抱いていたとしても、不思議ではない。そこで本人が満足しているのならいいんじゃない？とはならず、私たちはそれが「適応的選好」である可能性を考えなければならないのだ。特に小さな子どもの世界は狭い。他を知らない中で育つので、不当なことや理不尽なことをそのように捉えることがしにくいという点では、表明されてはいないが、「潜在的なニーズがある」状態である可能性がある。であるから、ヤングケアラーという言葉が注目され、苦しさや理不尽さに言語が与えられ、心が軽くなる子どもはたくさんいるのだろうと思う。あなたが一人で背負わなくていいのよ、という言葉に、腹のそこがじんわりと暖かくなり、体温が戻ってくるような経験をする子どももいるのだろうと思う。それはそれでとても大切なことだと思う。

一方で、「他者が発見するニーズ」は恐ろしさを孕んでいる。たとえば、大人が子どもに、それもまだ事態に対して受動的な子どもに、「あなたはヤングケアラーなのよ」と「診断し」「問題化し」「介入」する。これは、子ども自身に解放をもたらすどころか、役割と満足感を奪い去り、虚無感を与えうるものともなりうる。また、子ども自身は、「お母さんのちからになってえらいわね」と言われて来たりして、「助け合ういい家族」像を持っていたりした場合は、いきなり「問題家族」のレッテルをはられることになる。それがどんなに辛くて傷つくことか、想像すればわかりそうなものだが、新しい言葉ができ、社会問題として認知されると、必ずニーズハンターのような人たちが現れる。

上野加代子は、研究報告書の中で、英国では、ヤングケアラー概念に対する疑義が早くからあったにも関わらず、日本では、無批判に導入されている点を指摘しており、英国障害学における批判を紹介している。すべてを紹介はできないが、私はこの中でも、「不十分な親」の名指しという指摘に大きくうなずいた。子どもにとっても親にとっても「問題のある家族」「不十分な親」のラベルをはられ、ともすれば、「子の保護」(児童相談所による分離措置)の眼差しにおかれるというその指摘は、非常に重要な指摘である[18]。もちろん、場合によってはそういったことが必要な事態はあるだろう。しかし、ヤングケアラーだ、とんでもない親だ、子どもを保護しなきゃ、という流れは、簡単に、無批判に叫ばれすぎているように思う。他人様の家族について、問題家族の烙印を押して、介入することが「子どもの保護」というやはり誰もケチをつけられない名目で、あっさりと肯定されてしまう。これは怖い。

DVもそうだ。多くのDV被害者が、大きな眼帯をつけて、「自分の家はそこまではない」と言う。「DVってほどではないんですけど」と言い、とまどいながら相談にくる。それに対して、私たちは、「その眼帯、どこからどう見てもそれは結構なDVだけどね……」と即座に思う。だが、その「事実」が本人にどう届くか、ということについて、私たちは熟慮しなければならない。DVであり、逃げてほしいと思うし、逃げるということがニーズであると思う。潜在的なニーズを発見したとき、それを「どう扱うか」が問われる。DVの場合は、逃げてもらうことが良い。その前にDVだと理解してもらわなければならない。その筋書きのために、「それはDVですよ、早く逃げなきゃだめ」と言ってしまう支援者がいる。置かれた状況がもたらす複雑な感情などは問題ではない、と一気に「解決」に向けて突っ走る。「あなたそれはDVよ。すぐに逃げなきゃだめ」と支援者が口にすれば、確かに多くのクライアントは一目散に逃げる。夫からではなく、支援者から、だ。そうして、支援者に陰口をたたかれる。「子どものこと考えていない親」「結局旦那のところじゃないと生きられない人」と。こんなことはよくある。埋まっていたものを掘り起こすというのは、本来はとても慎重にしなければならないのだ。それを力任せに掘り起こしてしまうことは、本当にクライアントのためなのか。

　極めて不適切な表現であることを承知の上で、よぎったイメージがあるので書いておこうと思う。つぶ貝という貝があるが、あれは塩茹でにするとべらぼうに旨い。道産子の私は、本州で手に入りにくいこの貝がたまにスーパーで売られていたりすると、めざとく買ってきて、塩茹でにする。大鍋に、冷たい水と塩を入れる。洗ったつぶ貝を、そっと鍋に入れてから火をつける。必ず水からゆでないと身が固くなって、取り出しにくくなってしまうからだ。茹で上がると、爪楊枝で少しでている身の部分を刺して引っ張り出す。身が固くなっているとまず少しでている部分というのがない。無理やり奥の方に爪楊枝を潜らせ、テコの原理を使ってひっぱり出そうとすると、大体爪楊枝が折れる。入り口に近い方に指すと、身が引きちぎれてしまう。身が引きちぎれてしまうと、さらに奥に入り込んでしまう。自分で茹で始めたころは、よくこの手の失敗をした。しゅううう、と貝の奥に入り込んでいく姿をみて、まるで人間のようだな、と思ったのだった。結局のところ、「ちょうど良い場所」を「ちょうど良い力加減」で引っ張りださなければ、のちのち殻をハンマーで叩き割らなければいけなくなってしまう。料理サイトなどでは、「貝に気づかれないように、水から茹でる」と表現されるが、人間とて同様だ。熱湯を浴びせるように、「現実」を突きつけ、刺してはいけないところを刺してしまう言葉は、人を簡単にこもらせてしまう。無理に引っ張ろうとすると、自分の身を引きちぎってでも殻に閉じこもってしまう。それが良い支援なわけがない。標高の高い山に行く時には、高所適応してからでなければ高山病で命を落とす危険がある。ダイビングで潜っていて、一気に引き上げられると、肺がつぶれる。人間の身体はいきなり垂直移動できないようになっている。心だって同じことだ。

潜在的ニーズを顕在化させる原動力は、「正義感」によるものと言っていいかもしれない。私はいまだに「正義感」の扱いが苦手だ。「けしからん」「何とかしないと」という気持ちがないわけではないが、それが「正当なもの」であるかの自信が持てずにいるのだ。たまたま最近読んでいた小説の中にこんな一節があった。「正義とは権力の別名にすぎないということだ」[19]。

潜在化したニーズが顕在化する過程のクライアントの気持ちのことなど、眼中には入らない、取るに足らないものであると言わんばかりの正義感を私は受けつけない。大義のためには犠牲も必要だ、というアレに似た印象を持っている。良いことをしているのだから、許されるはずだ、というおごりがそこにあるように思えるからだ。生身の人間は、それをありがたがって受け入れるようにはできていない。アメリカやロシアのゾンビ映画を見ていると、かなりの確率で後ろからゾンビが迫っていて、「早く逃げろ‼」とか叫ぶシーンが出てくる。そこで素直に一目散に逃げる人はいない。「なんなのよ？　あなたに指図されたくないわ。私のことは私が決めたいの」「ああしろこうしろ、あなたはいつもそう。それでうまく行った試しがないじゃない」みたいなことをギャンギャン言い始める。今それかよ、ということを。これは全体像（後ろから迫るゾンビ）が見えているものからすると滑稽だが、「自分のことは自分で決めたい」「盲目的に走りだせるほどあなたの決定を信頼していない」ということをよく象徴している。

それ以前に、私自身は、他人様の家庭に対しての「見立て」や「判断」に自信を持てない。調停員でもなければ裁判官でもないし、それらの職域の人たちと同等の判断の為にはもっと見識を広める必要がある。しかし、そんなに博識ではない。勉強も怠っている自覚がある。苦手な分野も避けてきている。だから今私にあるのは、小中高と大学で学んだこと（大学の前半二年は全くの不良学生だったので、学んでいないに等しい）、大学院で学んだこと、社会福祉士の試験対策で学んだこと、それに若干の人生経験しかなく、圧倒的に知識が足りていない。だから、「断言」ができないし、自信もない。もちろん、支援者であるから、裁判官と同等の知識を持っている必要はない。しかし、自分の知識が「裁きを可能とするほどにはない」ということを自覚している必要はあると思うのだ。

ＤＶだと思い、実際にＤＶかもしれないが、ＤＶではない再構築の道があるかもしれないと頭をかすめたりもする。それはＤＶ被害者と同じ思考じゃんね、どう考えてもＤＶだよ、むしろ典型だよ、でも奥さんは「それほどでもない」っていっているしなあ、いやいやいや、眼帯だし、顔殴るって結構だし、としばし考えて「うーん。やっぱ逃げたほうがいいよね。というか逃げなきゃだめだよね」と考える。そうして言葉を紡ぐ。「うーん。奥さん色々と思うところがあると思うし、私もいろいろ考えちゃうんですけど、どうにもやっぱり逃げた方が良いように思うんです」と。少しだけ揺らぎを共にして、でも、第三者的な目線を担保したままおずおずと弾き出す道筋に、絶対の自信などもつことはできない。「やっぱり逃げなきゃよかった」と言う人にもたくさん出会ってきた。DVから逃げられればすぐにハッピーというわけではない。その後もしばらくは苦しい状況は続く。その中で発した言葉に、「ああ、やっぱりむごかったかな」とかまたちょっと落ち込んだり、「いやいや、でもあそこで逃げていなかったら死んでたっしょ。というか、DVから逃げて来た人はそりゃまずそう思うよね」と思い直したりしながら、螺旋状に状況を良い方向に向けて行けるよう注力する。正義の暴走支援は、初めから、正解の頂上を決めて一直線に昇らせようとする。この権力性というか、もはや暴力性とも言えるあり方についても、もっと知られて良いと思う。

相談にくる前、つまり問題が社会化する前は自分で困難を処理する自立した存在であったクライアントに、私たちはもっと敬意を払うべきなのだと思う。一人で四人の子どもを育てていて、部屋はぐちゃぐちゃ、洗濯物は追いついていない、でも一緒に焼きそばを作った形跡を見て、「保育園入れたら楽になりますよ」と勧める前に、「子どもちゃんたち、焼きそばおいしかった？　お母さん、一生懸命やってきたんだね。頑張ってるんだね。いいお母さんになりたいって思っているんだね。手伝えることは手伝うよ」という気持ちを持てる支援者になりたいと思う。「いいお母さんでいたくて頑張ってきた人」に対して、「いいお母さんを目指さなくてよい」というのは、その人のそれまでの努力をぽきっと折ってしまうようなものだ。

　こんなふうに、クライアント本人のニーズはそんなところにはないかもしれないし、もっとゆっくりのスピード感だったりするのに、一直線に解決したい「支援者の側」によって、ニーズを同定され、ニーズに向き合い解消することを要求されてしまうということが起こってしまう。私はこれを、「ニーズの横取り」と呼んでいる。これは、本当によくあることのようだ。尾崎新は、関係が良好だと思っていたクライアントから、「仕事熱心な援助者は迷惑なんだよ」と言われ、大きな衝撃を受けるとともに、以下の考察をしている。

「援助者たるもの、相手を救うべきだ」と思いこんでしまう。あるいは、クライエントの葛藤や矛盾を解消してあげようと必死になってしまう。そして、どうにかしてクライエントの生活や心を変化させ、自分が救済者であることを確認しようとする。さらに、救済者は自分たちの日常生活にクライエントを引き上げ、連れ戻すことが援助だと錯覚してしまう。[20]

自分が救済者であることを確認しようとするという行為はもはや他者のためではない。こんなふうに、クライアントのため、と自分のため、はよくごちゃごちゃになる。クライアントが向き合うべきニーズであり、クライアントのニーズであるのに、クライアントがどうしたらニーズを満たせるかということよりも、自分の正しさを振り翳したい私のニーズにすり替わってしまう。ニーズを横取りしてしまう。私がずっとこだわってきたテーマの一つだ。

誰しも、青年期には自己の確立に向けて葛藤を覚える。私も例外ではなく、葛藤を覚えた一人だ。その時期に福祉に出会っているからなおさら引っかかり、こだわり続けている。繰り返すが、福祉を必要としているのは、クライアントではなくて、必要としている人を必要とする自分自身のありようではないか、と。

未だにその感覚は抜けない。必要とされるからやるし、必要とされないところでやっても意味がない。一方で、必要とされることに過剰に執着すると、それは自分自身の存在証明のためであるような気もしてきて、なんとも居心地が悪い。福祉の難しさの一つは、この禅問答のような問の繰り返しにあるような気さえしてくる。他がためとは一体なんだろうか。他がために動く己がいるかぎりは、他がために働きたい己の内発的な動機、つまり己の欲求ではなかろうか、という問を、毎日ではないにせよどこかで思うのだ。

あれは夫とともに八ヶ岳に行ったときのことだ。体力オバケの私はルンルンと足を進めていったのだが、目のまえにいた高齢の男性が苔むした木に滑ってひっくり返った。あっと思うのとほぼ同時に、足は動いていて、手を差し出していた。幸い、平坦な場所で、その方に怪我もないようだったが、ほとんど反射的に体が動いたのに自分でも驚いた。助けねばという使命感のようなものも特になく、今必要とされていることをなすべく身体が反応した。そこに「己」は介在していなかった。もし介在しているとすれば、その方と自分の距離（人はそれなりにいたが、私が一番近かった）を測るための、己の位置、くらいのものだ。支援をするときのイメージはいつもこのイメージだ。困っているというところから、じゃあ何ができるか、どうすればよいか、この一点に集中することを心がけている。裏を返せばソーシャルワーカーとしての私は、そもそも使命感のようなものが希薄なのかもしれない。

私には、基本的に全てのものがアンコントローラブルであるという認識がある。かの有名なドラマ「北の国から」のシーンの一つに、「諦める事に慣れている」というものがあった。「何しろ自然が厳しいですからね。諦めることに慣れちゃってるです」（「北の国から」第二三回、フジテレビ制作）。大滝秀治演じる清吉のセリフだ。なんとなく、私も人知をこえるような事象については、どこか諦めというか受け入れの感がある。いざそのときになると命根性汚く足掻くのかもしれないが、生老病死に対してアンコントローラブルであるという意識がある。もっと言えば、自身がコントロールできることなど、ほんのわずかな領域に過ぎないのではないかという思いがある。いや、自分自身の意識や振る舞いでさえ、コンディションによってはコントロール不能である（ついつい間食してしまう、嫌だなと思ったら表情に出てしまう、痛ければ醜態も晒すだろう）。ましてや他人様のことなど、コントロールできるはずもない。そんな感覚がある。そして、当たり前だが、人はいつかは死ぬ。これが大前提としてある。死ぬことを止められない。だから、当たり前だが、死なせない事という無理な命題には取り組まない。不確実でアンコントローラブルな他者に対して、私ができることは本当に小さなことで、今この瞬間の蓄積をより良きものにするための方途をともに探るということくらいだ。

しかし、私たちはコントロールできない、つまり、「思い通りにいかない」ということにとても不寛容な生き物だ。不確実性の前では大きなストレスを抱く。例えばこんな調査結果がある。生活保護のケースワーカーは現在、担当件数も多く、ケースワーカーは疲弊している。福祉職としてケースワーカー業務を担う人々のストレスに関する調査として高井由起子の調査研究があり、「レールにのってもらえないとき、困難性を感じる」との聴き取り結果がある[21]。これはとても率直な感想だと思う。

生活保護のケースワーカーの使命は、受給者の自立の促進で、自立、という言葉について現在はいろいろな意味（社会的自立・身体的自立・経済的自立）で使われるようになっているものの、経済的な自立については制度の開始当初から目的としていたところで、ケースワーカーとしては、今でも経済的な自立を自立と呼んでいたりする。指導指示の権限を持って就労指導をするが、「腰が痛い」「血糖値が高い」「血圧が高い」と、するりとかわされてしまう。では病院行ってきてくださいね、と健診命令を出せば、医者と喧嘩をして恫喝してしまって警察を呼ばれたりしてしまう。アルコールやめないと死にますよ、といってみても、一向にアルコールをやめる気配がない。もちろん、受給者が働きに行きたくない理由はじっくり聞いていくとそれなりにあったり、本当に具合が悪かったりすることもあるし、長年の行動の積み重ねで、喧嘩っぱやさを抑えきれない人もいる。アルコールは意思だけではやめられない。レールに乗れない（乗りたくない）理由は受給者の側にだってある。しかし、真面目なケースワーカーほど、この「思い通りにいかなさ」に打ちのめされる。

私たちは「我」がある存在である。当たり前であるが、生きている以上は、「こうしたい」ということが小さなことから大きなことまで発生する。今日はお昼に家系ラーメンを食べたいとか、今日は早く帰りたいとか、今日の午後は事務仕事を片付けてしまいたいとか、昼休憩までに記録を書き終えてしまいたいとか。そこに容赦ない「他者性」が入り込む。最近の若い社会人が電話嫌いである大きな理由は、「自分のペースを乱されるから」だそうだ。誰しも経験があるはずである。「もう、せっかく集中していたところなのに」ということが。育児が大変なのは、我と我が剥き出しでぶつかるからで、かつ保護する責任のある者が一方的に我を滅する機会が多いからである。私たちは、「自分の描くようにコトを進められないとき」に大きなストレスを抱える。コントロールしたい欲求というのは、いつも私たちのすぐそばにあるということを肝に銘じなければならない。

本人のためと思ってコントロールをしようとする場合がある。また、一方で本当に個人的なことでコントロールをしようとする場合もある（例えば、今日は早く帰りたいから長話はしたくないな、とか、自分が描く道筋で成功して感謝してほしいとか）。このコントロール欲求への私の対抗策の一つが、アンコントローラブルな存在へのある種の諦めというか「切り離し」である。そしてもう一つが、「本人のその場その場の声に耳を傾けること」だ。

例えば、アルコール依存が疑われる人が就労支援を希望してやってきた場合、就労したいという「その瞬間の気持ち」が何よりも大切であり、それに向けて一生懸命になる。明日死ぬかもしれないのなら、満足できるのが良いと思う。一方で明日死なない場合には、明後日もその次の日もアルコール依存を抱えながら就労活動をする事になる。それはしんどいはずだ。人にもよるかもしれないが、私はおそらく「瞬間」と「瞬間の積み重ねとしての未来」をみている。瞬間をみて反応すると、「己に向いた意識」は介在しにくい。卓球やテニスのボールを打ち返すごとく、反応を重ねながらも、相手のコンディションをみていく。これは結構大変な作業なので、当然他人の目を気にする余裕がない。ましてや「自分がどのように評価されるか」とか「感謝されたい」とかそういった思いも介在する余裕がない。これが私にとって、大切な倫理遵守の方途となっている。そこにコントロール欲求をはじめとする己に向けた思いを介在させない。自分のために動かない。支援をしていく上で、律していくべき一つの命題であると思う。なぜなら、「己」と「他」の境界は定かではなく、行為のベクトルがどちらに向いているかということもまた、曖昧さに満ちたものだからだ。

それでもなお、自身の振る舞いが「己」に向いていないと自信を持って言える瞬間は来ていない。ずっとずっと問い続けているのだ。この行為は己のためか？　他のためか？　と。

哲学者の鷲田清一は次のように言う。

それにしても、「わたしがだれかのためにお茶をいれる」ということ、あるいはもっと一般に、「わたしがあるひとのためになにかをする」ということ、そしてそれ以上でもそれ以下でもないということは、ふつう考えられているよりもはるかにむずかしいことである。[22]

自分のためではなく他人のためであると口にしながら、そういう自分に酔っているなんてことは「支援者あるある」で、その後の鷲田の言葉を借りれば「意地汚い」気持ちというのが私たちにはあるのだ。もちろん私にも。それは、

「わたしが、もともと他者との関係の中でしか〈わたし〉とならないからだ」[23]

自己と他者は合わせ鏡のようなものである。私は他者を見ているのか、他者の瞳に照らされる自分を見ているのか、わからなくなる。これは、福祉に携わる人間にとっては、心に刻まなければならないことである。他者のための仕事がもつディレンマのようにも思う。

人は言うかもしれない。やらない偽善よりやる偽善、と。いいじゃないか、己のためであっても人助けをしているのだから、と言う人もいるかもしれない。これについて、私はまだ明確な考えを持てていない。つまり「行為」が同じ結果をもたらす場合、「目的」がどうであれ、それは肯定されるべきものではないか、という考え方をすることもできる。例えばこんなシチュエーションだ。

あなたは、就労支援員として「支援」という仕事をお金をもらってやっている。あなたが所属している組織は、就職達成率八〇%をうたう事業所でノルマが課されている。ここ数ヶ月ノルマを達成できず、上司から怒られる日々だ。そんなときに、中年の男性が就労支援を求めて

やってきた。その男性は仕事をすることを欲しており、能力も高そうに見えた。うつ病を患っての失職であったが、病状も安定しており、生活リズムも整っていた。つまり、「就職可能性が高い」人だった。あなたは仕事の情報を提供し、男性はすぐに仕事に就くことができた。あなたはノルマを達成することができ、ほっと胸を撫で下ろした。

こんなシチュエーションはいくらでもある。クライアント本人の意向と自分の都合が一致していると、非常に見えづらくなるのが難点だが、「支援者が自分の利益や保身のために支援をする」ということは日常的に起こりやすい。それでも、提供されるものは「就労支援」であり、男性は望む結果を手に入れた。それならばそれで良いではないか。むしろ、どっちもハッピーではないか、ということもできよう。

しかし、私はこれを直感的に「NG」だと思っている。今のところ、NGだと思う確固たる根拠が薄いのだが、「利己」のための行為は、「利己」にならない対象者の排除に向かいやすいというのが理由の一つだ[24]。つまり、上記の姿勢が肯定されることは、「私にとって利用価値がないクライアント」を排除する契機を含んでいる。そんなひどいことをするわけないじゃないか、と言う人もいるかもしれないが、本当にそうだろうか。採算のとれない患者の行き先がなくなる、とか、「障害を持っているかたはちょっと……」とか、そういった断り方をする施設や事業所をみたことはないだろうか？　自分達にとって「都合の良いクライアント」を囲い込むことは福祉の理念に沿っているのだろうか。

もう一つ例を挙げよう。架空事例であるが、福祉の業界ではさもありがちなことではないだろうか。

ハヤトさんは、異業種から転職してきた四〇代男性相談員だ。前職は営業だったが、法人営業だったこともあり、できれば個人を直接支えることができる仕事にと思い、転職してきたようだった。彼は、持前の人当たりの良さと感性の良さで、クライアントの心を鷲掴んでいった。あるとき、力がありそうな人がやってきた。情報提供をしさえすれば、進んでいけそうな人が。そう、先ほどの就労支援の例と同じようなパターンである。ハヤトさんは、つまらなそうに「今回は僕の出番はそう多くなさそうっすね」と口にした。「こんなに自分で動けるんだったら、僕の力は必要ないっしょ」と。そこでこう突っ込んでみる。

私　　：クライアントに力があって、少しの助けで進んでいけるのなら、それはいいことじゃん？　なんでつまらなそうなの？
ハヤトさん：だって、僕、大変な人を助けたくてこの仕事しようと思ったんですよ。もっと感謝されるような相手がいいじゃないですか。バッチバチに課題抱えてて、身動き取れないような人の支援して、ありがとうって言われると、自分の存在意義あったわ〜ってアドレナリン出るじゃないっすか。

私　‥あんたのアドレナリンとかどうでもいいけど。

と、こんな感じのことだ。少なくとも、福祉の仕事の入り口には、「ありがとうと言われ（ることで自分の存在価値を証明し）たい」とか、「困っている人を助けることで社会に貢献したい（社会の一員としての価値を感じたい）」という人がたくさんいる。結局のところ、鷲田も、「ボランティアのような働き方の形」、つまり、人と直接かかわり、人のために働くようなあり方に労働の意義を見出している[25]ことからすると、人が働き方に迷い、目指してくるものとして福祉を選択するというのは至極当たり前のことなのかもしれない。しかし、存在証明のための福祉は危ない。中には、身を削ってホリック気味になり、クライアントに尽くす人もいる。私もその道を通ってきたが、色々と懲りて現在に至っている身であるので、その誘惑たるやいかに凄まじいものであるかは十分に知っているつもりである。しかし、この在り方は、クライアントのためにならず、結局のところ自分のためにもならないのだ。自分の存在証明のために他者を鏡にすることには、限界があり、混乱がある。常に、「あなたに相談してよかった。ありがとう」という他者（鏡）ばかりではない。なぜならば、「他者」だからである。「お前になんか二度と相談するか」と言われたとき、鏡に映った自分が無能になるまいと、必死になるのだ。「あの人はパーソナリティに問題があるから」「あの人は困難ケースだ」と。だれも、そのことで無能だ、と責める訳でもないのに。鏡に映った自分が「優しく、知識が豊富で、人の役にたつ人物」であることにこだわりをもつと、それはただのナルシズムだ。

もう一つ、己のためになってしまうことのリスクについて触れておきたい。己のためというのは、増幅しやすいということだ。年金の搾取が起こる。お金を使い込んでやろうという意識よりも、「こんなに介護を頑張っているのだから、少しくらいいいよね」が増幅していく。そしてその気持ちは、とてもよくわかる「人間らしい」気持ちだ。私にもある。おそらくあなたにもある。自分の頑張りは報われて良いと思う。それがどの程度の報いであるかについて、本来は手中にない事にまで、願望を懐いてしまう。大抵の状況下で、それは「律する」という行為によってストップがかかる。いくら私が頑張っていても、他者の財を奪ってはならぬという倫理観によって、ストップがかかる(法的にもアウトだが)。一方で、年金の搾取は通常家族間もしくは、「認知能力が低下した者」との間で起こる。前者は「甘え」により、後者は「圧倒的な権力差」により、歯止めが掛からなくなる。

たった今(二〇二三年)やっている坂口健太郎主演のドラマ「Code」はそんな人間の本質的な心理をついているな、と思う。願い事を叶えてもらう代わりに任務を負う。それはときに非合法な任務である。任務が達成できなければ、制裁が加えられる。そして、人々は、「そこから離脱できない」。我々は、己の欲望からの離脱がとても難しい生き物なのだ。思えば仏教だって、煩悩の断ち切りを大きな命題として置いている。

なぜ山に登るのか？ と問われると、「そこに山があるから」と答えるというのはあまりに良く知られているが、なぜ福祉をやるのか？ と問われたとき、「そこに困っている人がいるからだよ」と答えられる支援者になりたいものだと思う。「人の役に立ちたい」はそもそもが、自分の動機である。「人の役に立てる自分」になりたいという事であるからだ。それは、本当の意味で人の役に立つ行動ができることを意味しない。人の役に立てる自分という目的を忘れて、困っている人にかかわるときに、初めて人の役に立てる自分という目的が達成されるという不思議な構造を持つのがこの仕事である。そしてこれが難しいのは、支援者もまた人間だからである。利他のみの人間ではいられない。食べるものがなければ飢えるし、仕事をクビになれば、お金に困る。お金に困ると食べられなくなる。歩き続ければ疲れるし、人を背負って歩くと腰を痛める。支援の現場は常に、自己と他者がせめぎ合う場ともいえるのかもしれない。

3　福祉を仕事にするということ

他がためというのは実は結構難しい。そんなことを前節では書いた。「誰にでもできそう」

と言われる仕事でもあり、実際、割と色々な人が参入可能である。日本におけるソーシャルワーカーは、社会福祉士等に代表されるが、名称独占というだけであり、実のところ、ソーシャルワーカーだけがソーシャルワークをできるというわけではない。近所の世話焼きのおばちゃんが、学校の先生が、お巡りさんがソーシャルワーク的な動きをすることはよくあることである。ソーシャルワーカーを名乗る人よりも、ずっとソーシャルワーカーらしいということもよくあることだ。

私たちの仕事は、「ソーシャルワークをすること」であり、その対価として金を得ている。このことの意味と難しさについて、書いてみようと思う。私はよく思う。「一日の労働時間を、他者のために使うこと」で対価を得ているのだ、と。

ボランタリーな関わりの人には、「いつでも離脱の自由」がある。「離脱」という概念は、とても大事で、私は福祉の世界にいるが、「離脱の自由」を持っている。当事者かどうかというのは、その問題からの離脱可能性によって規定される。私は離脱できる、クライアントは、自らが抱える問題から離脱できない。この絶対的な非対称性の中では、「安定したサービス」の保障はできない。この国が生存権において、最低生活の保障をしている限りは、生命維持に関わるサービスの離脱の自由を制限することが必要になる。

これは、一九八〇年代の障害者運動、特に自立生活運動の中でよく言われたことだが、「ボランティアは、やめる自由を持っている。やっぱやーめた、ということができる。例えば、寝たきりの人をボランティアが介助していて、やっぱやーめた、というと寝たきりの人は生きていけない」と。だからこそ、自立生活運動は、「契約方式」にこだわった。これは正しいと思う。契約することで、サービスの供給側はある程度の「法的責任を負う」。離脱しにくくなる。また組織と契約することで、代替の人物が保障される。

現在の福祉サービス体系は、一部の措置のほかは、契約がベースになっている。措置については、公的機関が直接責務を負う。公的機関は通常最後の砦であるので、離脱の自由を持たない。福祉事務所に勤めてみるとわかるが、福祉事務所は利用者を選べないし、やっぱやーめた、とはできない。契約ベースの場合、状態の悪い人や「扱いにくい人が」契約から弾かれることはあるものの、基本的には契約によってサービスの提供が保障される。

福祉が仕事として成り立つ要件は、「支援を提供する時間」が確実に保障されること、である。しかし、どうだろうか。私は私の労働時間の全てを「他者のことを考える」に費やせているだろうか。これがなかなか難しい。もちろん、生きる主体としての側面もあるから、労働者である私の権利は守られて然るべきだ。管理職であるから、厳密には労働基準法の適用外ではあるが、八時間の労働時間が基本で一時間の休憩がある。残業時間は労使協定により一日四時間、月四五時間、年間で三六〇時間がマックスになっている。だから、休憩時間はクライアントのことを考えたりしないで良い時間として保障されていて、現に私は弁当を食べながらアプリゲームで遊んでいたりする。では、それ以外の時間はどうだろうか、といえば、そこはクライアントや職員を中心に仕事が進んでいく訳だが、前節で書いたように、自分のことと他人のことというのは原則見分けがつきづらい。しかし、先ほどのハヤトさんのような相談員がいれば、私は彼にこう言わざるを得ない。「労働時間中は、自分のアドレナリンのことは忘れてください」と。しかし、労働者としての側面もある私たちは、いろいろな思いを抱える。「自分は役に立っていないのではないだろうか」「他の職員よりも頑張っているのに、評価が低い」などなど。私自身も、それを考えた時期がある。特に、自分が何もしていない、と感じるときに、自分はただ単に問題をこねくり回しているだけの存在ではないか、これで賃金をもらってよいのだろうか、「何も役に立っていないのではないか」という思いを抱きやすく、この思いは今なお持っている[26]。

「他のことを考え続ける」というのは実に難しい。なぜなら、私たちもまた、「生きる主体者」であり、他者があっての自分であるからだ。私たちは、その一挙手一投足まで、「社会化された生き物」であるうえ、支援の現場では、絶えずいろいろな人間がいろいろな社会を引っさげて私たちに迫ってくるので、簡単にアイデンティティクライシスが起こってしまう。時間を守りなさい、きちんと宿題をしなさい、好き嫌いせずに食べなさい、努力しなさいと言われてきて、それを守ってきた人間の前に、約束の時間から三〇分遅れてきて悪びれもなく、次回の相談の時に見せてくださいと言っておいたのにもかかわらず書類を持ってこず、緊急支援の食糧を渡したら、これは嫌いあれは嫌いといい、面倒だからちゃんとした仕事はつかなくてもいいかなあ、なんて口にしたりするクライアントがやってくる。それを受け入れるというのは実にエネルギーがいることだ。なぜなら、こういった人を受け入れ、助けるということは過去自分が信じてきたものが崩れていくからだ。そして人間にはだれしも「信じて選択し、そのために犠牲にしたもの」がある。勉強をすれば「いい大学」に入れて幸せになれるから、と言われて、動画をみたりゲームをしたりする時間を我慢して、「いい大学」に入ったとしたら、そうではなかった人生というのをどこかで空想してはかき消す。そうではなかった人生が楽しそうに見えると、私の我慢はなんだったんだろう、と思う。そして、それは、やはり社会化の過程で身につけてきたことなのだ。

人生は細かな選択の積み重ねで、自分自身で選択することもあれば、親から、教師から、友達から、雰囲気的になんとなく同調圧力で、選択や決定をして現在に至っている。その時その時の社会で、その親の精神状態や経済状態で、いろいろな社会を反映して社会化はなされる。それは、法律レベルでの善悪のみならず、テーブルマナーのような慣習的なもの、文化、価値観、道徳など様々だ。いい悪いは別として私たちは、成長の過程で、ルールや規範、価値観をまとって大人になっていく。今の世の中で、社会と無縁な状態で生きている人はほとんどいないだろう。引きこもりと言われる人たちも、社会的な存在である。むしろ彼・彼女らこそ、おおいに社会的な存在と言えるのかもしれない。その多くが、自分が持っている価値観や特性と社会の価値観との軋轢の中で苦しんでいるのだから。

私は私が生きていた四十数年の中で、身にまとってきた「社会性」や「価値観」を有している。それは決して常に心地よいものではなく、軋轢、葛藤を伴うものでありつつも、そんな軋轢や葛藤を内包しながら社会的な存在であり続けている。今日も、明日も、明後日も。しかも、昨日と今日の間で社会と一切関わらないというのも難しいことで、仕事が休みの日で人を避けて山にこもったとしても、道中の電車の中でものすごい勢いで冷やし中華を食べている人を見てしまったりして、「え?」と思ったりするのだ。そこには、電車は公共の空間であること、公共の空間で冷やし中華を食べるというのが「社会的に微妙に逸脱していないか?」ということからくる「え?」があり、「なになに、飢えてるの? それとも冷やし中華が死ぬほど好きなの? 三日ぶりの食事とかなの?」とか考え始めたりして、私の意識は社会と繋がっていく。次の日になると、「電車の中の冷やし中華おばさん発見というちょっと微妙な経験をした私」に更新されている訳で、昨日の私はもういない。

家の中で完全に引きこもっていても、同じだろう。時が流れている以上は、社会的な存在として変化する。一五歳で引きこもり始めた時と、そのまま三〇歳になった時と、状態像は同じでも、「社会的に求められる役割との乖離」が変化している。自分という存在は、常に社会性を帯びながら変化する。連続性を有していて、不可分であるが不可逆である「変化」をまといながら生きる主体であることが、他がための追求の支障となる。この逃れられないよろいのようなものをまといながら、人の生を支えるというのが、私たちが「仕事として福祉を担う」事には含まれる。つまり、決まった地面の上で人を支えているのではなく、常に足元はグラグラしたままで人を支えるのが仕事として支援をするということだ。職業人としてのプロフェッショナルさを求めるのであれば、足元のぐらつきを、自ら安定化させることであるとも言えるのかもしれない。自分自身が、満足した生を主体的に生きることが、ぐらつきを最小限に抑えるためには必要な事である。

自分に自信がなくて、ついつい自傷をしてしまうという状態では、あっという間にクライアントと共依存関係になる。自分自身が抑圧的なものから解放されずにいるとき、ついついクライアントにも同じ抑圧を求めてしまう。これも「福祉の現場あるある」ではないだろうか。

私は、好きで料理をする。やりたいからやる。丁寧に作られた食事が好きだし、美味しくて体にいい食事を家族にも提供したいと思っている。もちろん、昔からそうだった訳ではなく、ここ数年のことだ。やらされ感の中でよき母像に無理やり自分を押し込めて努力した時期もあったように思う。息子の弁当が絶対ではなくなった頃から、少しずつ意識が変わっていった。結局のところ、不要であっても作ろうかなと思ったりするわけで、やっぱりこの弁当作りという作業が私は好きなんだ、と思った。弁当作りという行為や頻度は変わらなくても、その時から、弁当作りや丁寧な食事作りは、主体的な選択によるものに変化した。そうなると、うまく手を抜くことができるという好循環が発生する。主体的ではないということは、「だれかに従属して」の選択であるから、やめる時にも「だれかの許しが必要」である。別にだれに見せるものでもないが、「手抜きをしたら親失格ではないか」みたいな思いにかられて強迫的になっていく。その点、主体的に選択している場合中断もまた主体的になれるのだ。つまり、とても自由な状態である。名誉のために言っておくが、我が家の場合、私が勝手に母像にがんじがらめになっていただけで、夫も子どもも惣菜ＯＫカップラーメンＯＫである。

自分の人生の選択に納得と責任を持っていること、つまり主体的であることはこの仕事をする上でとても大切なことではないかと思う。ついぞ他人様を批判したくなることは、「自分が納得しないまま辛い思いをし、かつ乗り越えたこと」なのだ。布おむつか、紙おむつか、粉ミルクか母乳か、弁当は手作りかどうか、とか、そんなところで、私たちは「社会的な要請」を突き付けられる。大きな意味での社会や、その化身としての身近な人たちにより、圧がかかる。「え？　ミルクで育ててるの？」と。圧がかかっていることを承知の上で、自分がどう選択をするか。この選択に納得感を持てずにいると、選択した結果について自信を持てなくなる。自信を持てずにいることは辛いことなので、できていない他者を批判することで自信を持とうとする。

水の事故が起こる度に、「（私はきちんと見ていたのに）このお母さんはけしからん」という声が湧くのはそのためだ。他をこき下ろすことでしか、自己の正当性を確認できない。正義厨と呼ばれる人たちのほとんどが逃れられないのがこの心性ではなかろうか。

なんだか、窮屈なことが色々あるなかで、私たちは生きている。主体的に生きるという事がしにくい社会の中で生きている。クライアントも生きているが私たちもまた、生きている。この絶対的事実の元で、私たちは支援をする。仕事として。

■注

1　大熊一夫（1981）『ルポ・精神病棟』朝日文庫

2　八王子市の精神病院にて、二〇二三年二月に患者への虐待が発覚し逮捕者がでている。たまたま、本書を書いているのが、二〇二三年であるから、この事件を挙げたが、『ルポ・精神病棟』が出版されてから現在までの間に、虐待が告発されたケースは多数あり、死者を出しているケースも少ないとは言えない。告発されていないケースもたくさんあるのだろうと思う。

3

確かに、認知症を患っている人、精神障害を持っている人の一部には、病状の一部として、また生育歴の結果として暴力的になっている人はいる。認知症のかたが多くいる施設の相談員さんには生傷があった。実習で高齢者施設に行った時は、アメリカ軍のスパイと見なされ、杖で殴られた。精神科医が刺されたり、病院に火をつけられたりということも起こっている。支援者側の不適切で不誠実な対応が暴力行為の引き金になることはあるが、それが全てではない。症状として、という人はいる。そのことを、「ない」ように語るのもまた不誠実であるような気がする。しかし、当たり前だが、「だからといって何をしても良いわけではない」。

4

精神科病院への入院等はわかりやすい例かもしれない。精神科病院への入院を拒む患者は多い。これに対し、医療保護入院や措置入院といった「強制的に入院させる」という術がある。もちろん、人権保護の観点から、自傷他害の恐れがあることや医師による厳密な診断を要するものであるのだが、強制的に入院させることはできる（是非はここでは問わない）。入院だと分かった患者は激しく抵抗する。この時、本人にとっては、「不快」や「恐怖」「不安」「屈辱」や「怒り」があるかもしれない。一方で、入院して投薬が始まると症状が落ち着いてきて、「入院してよかった」という人も出てくる（嫌だったという人もたくさんいるが）。こんな経過を経て、路上で苦しんでいた人が、布団で穏やかに亡くなったという例を知っている。長期的に見ると「その人のためになった」ように思う。一方で、その人の為であることが、無理やりの搬送を肯定できるのか、ということはずっと引っ掛かっている。そして、その時の恐怖や不安が「それでもその人のためになる」という確信を超えるものでないと言い切れるのだろうか、とも。人によってはその場で舌をかみきったりもする。それでもなお「長期的にはその人のためになる」とはなかなか断言しにくい。こんな風に、その人のためは、というのはなかなか難しいものである。私たちはコロナワクチンでも似たような経験をしてはいないだろうか。あれは副反応が厄介だ。長期的にはかかりにくくなる、かかっても軽く済む、だから副反応にあったとしても受けた方がよい、ということが言われた。しかし、実際は副反応で亡くなる方も出たわけだし、コロナにかかるのと副反応と、どちらがしんどいのかよくわからず（比較のしようもなく）、「自分自身と周りのために」とされて多くの人がワクチンを受けた。「え？打たないの？」みたいな同調圧力も問題になったが、それでもなお、ワクチン接種は選択に基づいていた。これが、誰かにあなたに絶対打った方が良い、と勝手に手続きをしたとしたらどうだろう。その人のため、というのは、基本わからない。その分難しい。

5　これをたまに、「やましいことがなければネガティブな気持ちにはならないと思う」と言う人もいるがそれは誤解である。痛くもない腹を探られるのは誰だって気持ち悪い。

6　レスリー・マーゴリン　中河伸俊・上野加代子・足立佳美訳（1997=2003）『ソーシャルワークの社会的構築――優しさの名のもとに』明石書店：67

7　マーゴリン（1997=2003）：68

8　マーゴリン（1997=2003）：30-31

9　聞こえが悪いので、「そんなことはしない」と言う人もいるかもしれない。しかし、「申し訳ありませんがうちでできることはないですね」という便利な言葉は相談の現場で横行しているように思う。

10　例えば、まれにクライアントから性的な眼差しや激しい憎悪を向けられる支援者がいる。そうなると組織としては労働者としての支援者を守る必要が出てくる。

11　アーヴィング・ゴッフマン　石黒毅訳（1984）『アサイラム――施設収容者の日常世界』誠信書房

12 元々はノーマライゼーションの理念は、施設支援の中で始まった。そして施設は今でもある。重度の障害を持つ人たちは、その解体を強く叫んだが、現実に施設は今もある。いきなり地域生活をするとすぐに生活破綻してしまう人はたくさんいる。また、障害という単一の要因ではなく、メンタルの不調、それは統合失調症からＰＴＳＤ、薬物性障害まで多岐にわたり、かつ複雑に絡まりあっていたりすると、地域の中で「問題」として浮上したときには、何から手をつけていったら良いかもわからない。そういった人が一時的に入れるような施設は現状必要だ。

13 おかえりなさい、と出迎えてくれる人がいるということや、具合いが悪い時に気にかけてもらえること、安心できる空間で、ある程度他者に身をゆだねて過ごすことが必要な人はたくさんいる。その、ケア的な側面と管理的な側面とが内包されるのが施設という場である。「ホーム」という機能がその二つを内在しているのと同様である。親は子のケアをするが、子の管理という側面も持つ。なので、施設がいとも簡単に管理的な組織になっていくというのはわからなくもない。一方で、管理的な側面を最大限排し、ケアの側面を重視している施設もたくさんあり、そのためにはたくさんの修羅場を超え、葛藤を抱え、議論を重ねてきていることを知っており、その真摯さには敬意の念を抱く。

14 尾崎新（1999）「ゆらぐことのできる力」誠信書房：7

15 尾崎（1999）：7

16 「ヤングケアラー」など比較的オフィシャルな場で用いられるものも去ることながら、「親ガチャ」「ワンオペ」「片親パン」などのネットスラングは若者にとどまらず広く社会的に認知されてきている。そうなってくると、「名乗る」人が出てくる。「名乗る」ことが大切である一方で、「だれが名乗るに値するのか」という状況も発生する。例えば、「平日ワンオペだ」という使い方に対し、母子家庭や単身赴任等で一人で育てている人たちは、「名乗りのインパクト」を失う。長時間一人で子どもを見る状況を指していたのが、単に、子どもを一人で見る時間が数時間程度あるということを指すことで、言葉としてのインパクトを失う。「当事者性」を象徴するワードが、広く消費されることで、ワードの持つポリティカルな意味は消失する。なので、新しい言葉が出てきたとき、「その状態の何が問題であるのか」ということについて、なるべく立ち止まって考えるようにしている。

17 この状態について、アマルティア・センも「長年に亘って困窮した状態に置かれていると、その犠牲者はいつも嘆き続けることはしなくなり、小さな慈悲に大きな喜びを見出す努力をし、自分の願望を控えめな（現実的な）レベルまで切り下げようとする」と述べている。（アマルティア・セン 池本幸生・野上裕生・佐藤仁訳（1992=2023）『不平等の再検討――潜在能力と自由』岩波書店：87）

18 上野加代子（2022）「ヤングケアラー概念の批判的検討――英国での議論を参照して」『「リスク社会と子どもの人権」研究委員会　報告書　リスクを管理しようとする社会の危うさを考える』（2022）教育文化総合研究所：32-35

19 笹本稜平（2007）『グリズリー』徳間書店

20 尾崎新（2002）「葛藤・矛盾からの出発」『「現場」のちから』:19

21 高井由起子（2014）『社会福祉士生活保護ケースワーカーの対人援助業務に対する意欲と負担感に関する調査研究――生活保護業務にあたる社会福祉士へのインタビュー調査を通して』『教育学論究』（6）：72

22 鷲田清一（1996）『じぶん・この不思議な存在』現代新書：107-108

23 鷲田（1996）：109

24 二〇二三年一一月二三日配信の文春オンラインで、放課後等デイサービスでの虐待について触れたのち、「うちとは方針が合わないので、来ないでください」と言われた保護者の事例が記載されていた。事実関係は、事業者側の言い分も聞かねば分からないが、保護者としては「もっと管理が楽な子を入れたかったのでは」と感じたという。

25 鷲田清一（2011）『だれのための仕事――労働 vs 余暇を超えて』講談社

26 今は管理職という立場でそのように感じることが多いが、支援の中でもそう感じることが多かった。しかし、今考えると、良い支援をしたときほど、存在意義が揺らぐということが発生した。クライアント自身の力が引き出されるため、「こちらが何もしていなくても勝手に良い方向に向かってくれる」からである。これは非常に不思議な現象だと思う。また、とても大事にしなければいけない視点であると思う。クライアントの力が弱いほど、私たち支援者の力の最大化が発生する。つまり、労働者としては最高のパフォーマンスを発揮できるのだ。そこに、無自覚になると、クライアントの力を削ぐ支援が発生する。

第二章　社会について語る

1　綺麗な街の、その外で

生きる主体としてのわたしたちは、一体どんな社会に生きているのだろうか。首都高から見る東京都心は、とても綺麗だ。羽田空港から八王子に帰るリムジンバスから見る夜景は本当に美しい。また、新宿駅の西口から見る大きなビルの造形を、見上げては近代的で美しいと感じる。公園には美しく整った植え込みがあり、小洒落たベンチが並ぶ。オフィス街のビルも、モダンでおしゃれだ。そんなことを思う私はちっともおしゃれじゃないのだが。生活の細部にわたるまで、私たちはおしゃれでスマートである欲望を掻き立てられる。流行という名の下に、おしゃれなもの・映えるものが動画で垂れ流されてくる。おしゃれな服、おしゃれな空間、おしゃれな時間。その中で、ふと思うのだ。息苦しいな、と。

人間は綺麗ではない。汗を掻けば嫌な匂いがするし、排泄もする。内臓だって、グロテスクで見ようによっては醜い。子どもは鼻を袖で拭いたあと、ズボンの太ももあたりでさらに拭くのがデフォルトだし、ズルをしたり、後ろ暗い隠し事みたいな「汚い」気持ちも私たちの中にはある。汚い金というのも……。

にも関わらず、私たちは、「汚いと思うものを隠しながら」綺麗なものを追い求める。汚いものやそれに付随するものを見せてはいけないという感覚が、私たちのなかに巣食っている。おしゃれな高級住宅街では、しばしば「景観」が問題視される。草がボウボウだったりすると、「周りとの足並みが」という言葉でじわじわと詰め寄られる。私は「綺麗であること」の対極にあるものとして「人間らしいもの」をあえて持ってきたい。綺麗すぎる町は、「人間らしさ」を許容できなくなる。物理的な汚れ、ごみだけではなく、羞恥や嫉妬心、怒りなどの感情を封じ込め、それを表面に纏う人々を排斥する力がある。

私が住んでいるのは、里山が近くにある綺麗でもなければ汚くもない、昔からある土地である。放置された自転車がサビサビのまま庭に転がっていたり、以前使っていたであろう犬小屋が物置になっていたり、子どもが一年生の時に学校から持ち帰った朝顔のプランタが崩れた形で放置してあったりする（朝顔のプランタは我が家の話だ）。古い家もあれば新しくておしゃれな家もある。でも「おしゃれでなければならない圧」はない。そして、かつて子どもだったであろう人間がいた事や、そこで生活していた事を、かつて犬がそこで家族の帰りを待っていた事を、私は思い浮かべる。家族や人間の歴史を、そのサビサビの自転車や犬小屋というおしゃれでもなければ、美しくもないものが、饒舌に語るのだ。人が根付く場所の持つ豊かさやあたたかさを、その残滓が支えている。残滓という言葉は、文字の如く「残りカス」である。つまり、役割を終えて「ゴミ」として廃棄されていく定めのものであるのだが、この存在は、想像以上に饒舌で、真新しかったであろう頃の光景を時間を超えて映し出す。空間があるだけではなく、時間が広がるのだ。それが豊かな生活の場だと思う。そういったものを見た時に、懐かしさのようなものを感じるとしたら、それはモノそのものの懐かしさであると同時に、時間をまたがる存在であるからこその懐かしさなのではないかと感じるのだ。

「面倒臭い事」を回避する人間の象徴とも言える放置系の庭や自転車は、ネガティブなものであるが、ネガティブではありつつも町の中に溶け込んでいる。そういう空間を私は「心地よい」と感じる。「いてもよい」と感じる。私たちが生きていくなかで、必ずある「汚いもの」や「異質なもの」「役割を終えたが饒舌な物体」を許容する余地がある。おしゃれをする気力がなくなって、ボロボロのジャージをきても、外を歩ける(実際割とその服装で歩いている)。たまに仕事着で近所の人に出くわすと誰だかわからなかったわよと言われる(思われてはいるかもしれない)。雑草が伸びていても、「ちょっと、きちんとお手入れなさったら?」とは言われない(思われてはいるかもしれない)。

高級住宅のダストボックスのように、汚い物やゴミを瞬時に目の前から消し去る仕様ではなく、なんとなく垢抜けないポリバケツがゴミの日にはあちこちに出ている。雨が降ると微妙にドブくさい匂いがしてくることもある。車でプレスされたあと、乾燥したであろうカマキリが道路にワッペンのように張り付いていている。

「汚いもの」「格好悪いもの」「恥ずかしいもの」を絶対に見せてはいけないという圧は想像

以上に、私たちを蝕む。アイドルが、自分のイメージに潰されるのと同じだ。ネガティブを含めた存在が我々人間なのだから。綺麗なまちは、ネガティブを持ち込ませない。おしゃれに無頓着な私は、巷でおしゃれとされる街に服を買いに行こうと思うと、服を買いに行くための服を買わなければならなくなる。それはなんだか疲れることだ。

鷲田清一はその著書『誰のための仕事か』の中で、人間の身体機能の外部化について触れている。まず初めに排泄物処理が外部化され、出産も外部化されて、死ぬときにおいても、病院で死ぬというのが当たり前になってきたことを指摘し、人間が生き物であるということを感じる場としての「調理」に着目している[1]。つまりは、生きるということのリアルが不可視化されているということである、と私は思う。そして、似たようなことが、街の中にも言えるのではないか、と感じる。見たくないものを不可視化し、快適さに身を任せるということが当たり前になっており、それが、「自分の首をしめていっている」ように思う。

綺麗な街から、ネガティブなものが排除される。そんなことを考えていると、ふと一九九〇年代に起こった新宿のダンボール村排除事件[2]を思い出す。とても象徴的だ。また、昨今よく見かける仕切りのついたベンチ（寝っ転がることができないような造りのもの）もソフトな排除であると感じる。一方で、「街の活動」はネガティブなものを必ず生み出す。街が生きている以上、そこには大なり小なりネガティブなものを生み出す。夏になると職場のある新宿付近は死ぬほど暑い。部屋の中を涼しくするために、暑い空気を排出している。たくさんの飲食店が立ち並び、まだ食べられるものが大量に捨てられる。同じような服や雑貨が無数にあり、季節が変わる前には、完全に商品が入れ替わる。なんなら、犬や猫でさえ、売れ残った子は殺処分されてしまう。これに対して、SDGsとかいうものが、割と唐突に出てきたけれども、SDGsという「パッケージ」もまた、一つの消費財でしかない。こんなふうに、街は色々なものを排出する。そしてそんな街の中では、人もまたネガティブな存在として弾き出されうる。既存の仕組みから弾き出された人は、家を失い、街に住む。最近では、ネットカフェ難民がふえ、新宿駅のホームレスだけでなく、公園や河川、駅のホームレスは減る／もしくは都心を離れている。それらネガティブな存在を許容できる「自然な空間」は街にはない。ネットカフェという人目につかぬところで、駅から少し離れた高架下で、不可視化されながら生きている。人々は（私も含めて）彼らの横を、何も見なかったかのような振る舞いで通り過ぎる。

二〇〇〇年代になってから、私は日本三大ドヤ街（大阪の西成地区、横浜の寿町、東京の山谷）に行っているが、そこで感じたことは、「ネガティブとラベルをはられる人」が集う場であるということだ。特に、西成地区では、路上で酒を飲んでいたり、立ち小便をしていたり、駐車場に布団を敷いて寝ていたり、公園に設置されたテレビで野球の応援をしたり、喧嘩をしていたりするという光景が広がっていた。喧嘩も最近では滅多に見かけない光景だ。綺麗な世界に覆われた私たちは、喧嘩という一般的にネガティブとされることをさけ、グッと我慢をする。グッと我慢をした怒りや屈辱の感情は胃を蝕み、トイレで嘔吐して文字通り「水に流して」ネガティブを処理してしまう。

生きるということのネガティブな側面、それは排泄という身体にまつわることから、失業という社会的な側面に至るまであるはずだが、言葉通り「臭い物に蓋」の態度をとる社会は、そのネガティブな側面を「隠しきれない」人々を、空間から排除しようとする。一〇年近く前に行った寿町は、一部異様な匂いがしていた。匂いも含めて、人間が生きることを真っ直ぐみつめたい、と街を歩きながら感じたものだ。そしてそこには確かに人が生きる街があった。しかし前回の寿町訪問から八年ほどたった昨年、再び寿町を訪れた際にはあの匂いがなかった。見学させてもらったドヤは、こぎれいにリフォームされており、外国人のバックパッカーも意識されていた。私は寂寥の感を抱いた。ここもまた、変わってゆくのか、と。確かに劣悪な環境は是正された方が良い。私自身は３ＤＫの家屋に住んでいて、（ギリギリ）清潔で広いスペースを享受しておきながら身勝手にも、寂寥感を抱くのだ。この寂寥感の正体は、おそらく堅田香緒里による次のような表現に集約される。

寿町の「浮浪者」や黄金町の女たちは、ごみ箱に投げ捨てられ、立ち退きを迫られ、そうして不可視化され、その生＝労働の痕跡を消去され、忘却されていく。一見するとヒップでクリーンな街に変貌したその空間には、このようにして、その生＝労働の痕跡を消された——しかし、確かにそこに生きていた——人びとの亡霊が宿っているだろう。[3]

見える化という言葉が、日本語の語感として嫌いだが、福祉の業界では自立支援事業の導入に際してずいぶんと言われるようになった。主に家計改善支援事業の中で使われた言葉ではあるが、私はこの言葉の発生自体が、「不可視化されたもの」の存在への照射を物語っているととらえている。無理やり押し込められた「見えないもの」は、押し込められただけでは消化されない。ネガティブなものというのは、そのときそのとき社会によって「不要である」と判断されたものであるが、人が生み出す物である以上は、社会が不要と烙印を押しても、本当に不要であるかどうかはわからない。社会の設計は、特定の様式で進められているから、本当に人々にとって良いことだけではなく、例えば一握りのお金持ちのために良いことであったり、権力者によって良いことであったり、とりあえず多くの人にとっての良いことであったりということがあり、それ以外の物は本当に不要なのか？　というとどうもそうではない気もする。

例えば、最近では、とにかくタイパということが強調される。タイパを重視する社会は、合理的でないもの、効率的ではないもの、を「不要」とみなす。しかし、それは、非常に近視眼的な見方であると感じることがある。そもそも、人間は非効率で非合理的なことが大好きであるという大前提であるとか、非合理や非効率の中に組み込まれるある種の機能とかをすっぽりと見逃してしまう。じれったいように見える邦画には、沈黙の中に空気が流れ、音が流れ、そこに表現がある。そういったものに「無駄な時間」「不要な時間」と烙印を押す。というか、そもそも生きることそのものが壮大な無駄であるという見方もできなくはない。そして、無駄こそが楽しく豊かであると思ったりもする[4]。しかし、無駄は無駄とするこの態度は、作業に時間がかかる人、無駄なことをやっているように見える人、一直線に結果を出せない人に容易に「不要」のラベルを貼ってしまう。その人がやっていることの真価など、三年後にわかるようなことだってあるだろうに、と思う。

また、堅田香織里は、この社会が就活、妊活、婚活、終活、保活、と「活」にまみれていることを指摘し、活動的であることや時間を有効に活用することが求められる社会であることを指摘している[5]。確かに私たちは、タイパだのなんだの言って、自分の生活を「活」だらけにしてしまう。そもそも、「活」はそんなに必要なのか？「活」とかけ離れたあり方は否定されねばならないのか？

こんなふうに、今不要とされているものって本当に不要なの？　排除されるものって本当に排除されなければならないものなの？　と問う事こそがSDGsだと思うのだが、リサイクル容器を使っていることだとか、自然に良い土を使って作った野菜であるとか、フードバンクの話だとかがふわふわと浮遊している。本当は、わたしたちの街は、どう変化してきて、何を生み出し、何を排除し、どうなっているのか、ということをしっかりと考えた方が良い。

少し古い本だが『東京漂流』という本を引用したい。合理性と効率性を追求し、無機質化した東京。そして、それがわたしたちに与えている影響を考える上で、『東京漂流』という本は私に多くのものをもたらした。もちろん、これは東京だけに限ったことではないのだろう。著者である藤原新也は、高度経済成長が始まる前の家屋構造に触れ次のようにいう。

しかし、このような人づき合いの絶えない、また非合理な面を持っている家の構造は、高度成長期の人間が生産と拡大に奉仕する目的適性を持ち始めた時、それは無駄の多い能率的ではない家として排除され始める。[6]

合理思想が人々の生活に浸透していく過程の中で、「汚物・異物」に対する排除感覚が拡大していったことである。（中略）高度成長のための価値にそぐわない、もしくはそれの足かせとなるような家や家の周辺の異物を次から次へと整理し始めたのである。一切の無駄、異物、汚物、危険物は排除され、家の「閉鎖性」が別の面からも進行していったのである。[7]

なんということだろう。『東京漂流』自体は、一九八三年から雑誌『FOCUS』にて連載されたもので、今回引用しているのは、追加の文が入った新版だ。つまり私がまだ北海道の雪の中で遊びまくっていた頃から、東京をはじめとする首都圏は合理化と効率化をベースとした街づくりが進められ、不要なものをジワリジワリと見えにくい形で排除し続けていたということだ。確か多摩地区のニュータウンも同じ頃に人気が絶頂だったはずだ。二二年前に初めて見たニュータウンは、私にとっては計算された印象にうつり、無機質で苦手な場所だった。そのニュータウンは今、計算されて植えられたはずの若い木々がモコモコと育っており、場所によってはうっそうとして見えるほどである。今年の初め、ニュータウンに行く機会があったが、以前ほどの違和感はなかった。時の積み重ねの中で、計算外のことをたくさん飲み込んできたであろう歴史が積み重なったからかもしれない。

街がおしゃれであり効率的であるということ自体には異論は少ない。合理化と効率化をベースにしつつ、物欲を掻き立て、綺麗な物へ向かう欲望を掻き立てるような街。確かに、モデルルームを見た時に、「こんなふうにおしゃれな部屋で、ハーブティ飲むような生活いいな」と思ったりするわけで、よりよく生きる、ということへの一部の動機づけであるとも言えなくもない。一方で、私は隠せない汚さやダサさを持っているので、この原稿を打っているこのダイニングテーブルの上にあるのは、息子が小さい頃に使っていたドラえもんのマグカップだし、ロイヤルミルクティを入れたものの、紅茶のパックを取り出して捨てるのが面倒で入れっぱなしだ。こういう人間が、おしゃれな生活に必要以上に掻き立てられるとどこかで破綻する気がしてならない。

そして街は今、「物」だけではなく、「人」をダイレクトに商品化し、価値づけ、駆動するようなダイレクトなメッセージで溢れている。職業紹介責任者講習に出席すると、転職勧奨禁止について割とうるさく言われる。しかしどうだろう。街のあちこちに、「あなたらしい働き方へ」とか「納得できる自分に出逢おう」とか「あなたが輝ける場所を探そう」みたいな転職の広告がある。これを毎日目にしながら、わたしたちは自分の市場価値が正当に評価されていないと感じたり、不自由であることに気づいてしまったりして、転職という選択肢をとる。常に、自分の社会的な価値という目線に晒されているようだし、価値を高めたり、それを給与という見える形で求めていったりということが求められているような気持ちになる。そして、そこには人を商品として莫大なお金が流れるマーケットがあるのかと思うと、鬱々とした気分になる。

街の持つ徹底的に不合理や不要を排除しようとする圧や、自分の市場価値を常に考えるような仕掛けが段々とキツくなってきたなと思った今年の夏、落合俊也の『すべては森から』という写真集のような本を買ってみた。自然のなかで、人が生きる空間としての建築にフォーカスされた本で、さまざまな建築物が紹介されている福祉とは何の関係もない本だ。

そして、この本の中でこんな文章に出会った。

現代の診察室は医療器具だらけで、そこには自然の要素は全くありません。現代の病院のドクターは患者を診ないでパソコンを見ています。数値を見て症状と病名を当てはめて決められた処方薬をだす。すべてがシステム化されたオートメーションで、そこには自然の繋がりどころか人の心の繋がりもありません。[8]

ふと思う。私が福祉という文脈で感じていることや、藤原新也が街と事件という文脈で感じてきたこと、落合俊也が住まいと設計と自然という文脈で感じていることに、重なり合う部分があるのだ。排除であるとか、繋がりであるとか。『FOCUS』の連載をリアルタイムで読んでいた訳ではない私が『東京漂流』を知ったのはごく最近のことだし、『すべては森から』のことを知ったのも、ごく最近のことである。にも関わらず、何か良からぬものが人間の間で蔓延っていて、それは排除であるとか閉じこもりであるとか、そういったものを緩やかに伴っていて、結果自然や人の心同士が繋がらなくなっている、ということをそれぞれの分野から感じている、ということなのだろう。

毎朝毎朝、新宿駅ではたくさんの人が吐き出される。カバンに入れたおにぎりがぺちゃんこになって、中にいれた生たらこが無惨にはみ出す程度に混む電車で、他の人とともに私は新宿駅で吐き出される。立ち位置によっては、人の乱流で回転するように押し出されることさえある。電車はまるで、宮崎駿のアニメの『千と千尋の神隠し』に出てくる「カオナシ」のようだ、と思い、一人周りに聞こえない声で「あ……あ……」と呟いてみたりする。カオナシ電車に飲み込まれたわたしたち人間は、一体どんな存在なんだろうか、と逡巡する。激混みの階段を、前の人のお尻を至近距離で見ながら上る。今放屁されたら死ぬな、と思うが、社会化された身体を持っている人たちなので、被害を被ったことはない。前を上るサラリーマンのおじさんが持つノースフェイスのビジネスバックが結構ヨレているな、と思う。欲望のために働いているようには見えず、私と同じように生活のために働く同志のようにも見える。最近通い始めたマッサージ店までの道乗りは、そこそこ怪しい雰囲気が満載で、「病み系女子」と言われるメイクの女の子と、中年サラリーマンが腕を組んで歩いていたりする。ホストなのか、まだ幼い顔立ちなのに、やたらと疲れた雰囲気の男の子たちがイキッた雰囲気で歩いていたりする。

カオナシ電車から降りる人の多くが、メインストリームを行く層だ。そこそこ慎ましくも豊かな生活、安定した生活を送るために、日々仕事にゆき、俺はこのままでいいのか?とか、会社から評価されていないなあとか、もっと条件が良いところがあるんじゃないだろうか、と、贅沢三昧とは違うささやかな欲望を、中吊り広告を見ながら抱き、駆動される人たちだ。一方で、幼い顔立ちで疲れ顔の彼らは、おそらく、排除され、不可視化されている存在だ。その二つの層が、病み系女子とサラリーマンの腕組みに象徴される。性を通じて、行き来する。お金と存在を売る少女と、自分の価値を慰めるサラリーマンが出会う。多少うがった物の見方かもしれない。だが、私にはどうしてもこんなふうに映るのだ。そうして、サラリーマン、女の子、男の子の、いずれもどうもしんどそうな人たちの中にもあるパワーバランスで、女の子がボロボロになって福祉の現場に現れたりする。なかには、女の子と男の子が組んで美人局でサラリーマンを陥れるということもある。女性性を買う男性がけしからんという見方もできるだろう。実際にけしからんと思う。しかし、その男性もまた、自由な身でもなく、存在証明をかけて無酸素の東京を泳いでいるような気がしてならないのだ。「東京砂漠」という歌があるが、言い得て妙な表現だと思う。確かに私たちは、東京（だけではないのかもしれないが）という砂漠を、呼吸も苦しくなるような太陽に照らされながら、漂流しているのかもしれない。

風呂敷を広げすぎると収拾がつかないのだが、ふとマルクスの疎外論がよぎってしまう。社会の（表面上の）成熟の帰結なのか、資本主義の帰結なのかはわからないが、「周縁のもの」を不可視化しながら、そして周縁ではないものにも、強迫的な価値証明の呪いをかかげながら、今日も変わらぬ一日が始まる。東京漂流から、もう一つだけ引用を。


私は岩壁の綱止めに座ったまま、夜の海を見ていた。

「自然の水になじみすぎるな」

「自然の土になじみすぎるな」

「誰か」によって、あるいは都市の悪意によって排斥され、断罪されてしまうぞ……[9]

2 ネガティブを構成するモノは何か（ネガティブ即排除の不思議）

私自身は、ネガティブとされるものをあまりネガティブと感じていない。というか、とりあえず天邪鬼なので疑り深い。不要と思っても「まだ使うかも」と思って取っておくいわゆる「片付けられない系」の人間でもある。日常的に存在する身近な物から、人や考え方に至るまで「無駄、不要、ネガティブなもの」を本当にそうなのか？　と常に疑ってかかっている。夫や息子はさぞ迷惑だと思う。最近だと、先に挙げたタイパがそうだ。ズーム営業なんかにも非常に懐疑的な立場をとる。移動の時間を短縮できるが、営業を受ける側にとっては、テレビショッピングと変わらない。こういったことを表明すると、テクノロジーに乗り切れない偏屈な中年とみなされるのだろうなと思うが、物事の真偽や価値というものを、そんなに短時間で考えてはいけないと思っている[10]。

また、本当にネガティブなように見えるものは、ネガティブで良いと思うが、そのまま受けいれれば良いとも思っている。社会的に貼り付けられたネガティブを相対化した上で再定義して、受け入れる、という作業を日々している。臭いという問題があり、臭いことは特に、「清潔」の文脈でネガティブに語られる。しかし、汗や尿の匂いというのは、人として自然なことなので、そういった意味で「当たり前のもの」として受け取っている。一方で犬並みに鼻の良い私は、高確率で悪臭で具合悪くなったりもするので、やはりネガティブに感じる。今年の夏は、猛暑だったので、電車の中が自分も含めて汗臭がひどく、地獄の通勤だった。ひらたく言えば「当たり前で自然なことだが、臭いものは臭い」。でも、「臭いからいなくなってくれ」とは思わない。ここでは、ネガティブを構成するものの不確かさと、ネガティブを排除に結びつける論理のつながらなさについて書いていこうと思う。[11]

大学生の頃だったと思う。いや、もっと言うと、中学生の頃から「ポジティブ」とされるものへの疑いの眼差しを持っている可愛くない子どもだった私は、社会学に出会い雷に打たれるかのごとく、衝撃を受けた。「常識」と言われるものの可変性について触れたとき、「ネガティブ」を、ポジティブに語りうる可能性があることを知った。それは、私を「自由」にしてくれる学問だった。具体的には障害の文脈だったと思う。私たちの多くは、「五体満足で生まれてくれればいい」と口にし、障害を持って生まれることを「ネガティブ」として捉えてきた。それは、古くからある感覚でもあり、母親の不貞の因果で障害児が生まれると言われたり、優生保護法の中には「劣性の遺伝子」とまで書かれてきた。分離教育の中で、施設収容の中で、また私宅監置の中で不可視化されたその存在の「ネガティブさ」は私の中でも間違いなく強化されていた。そんなときだ。ろう文化宣言を知り、我が子にも障害児であることを望む人たちがいるということを知ったのは。

もちろん、全ての障害者が、障害を肯定しているわけではない。肯定と否定の間を振り子のように揺れ動き、結局のところ否定に落ち着く人もいると思う。大事なことは「社会によって否定」を貼り付けられないことで、社会的な規範から離れたところで、自身の一部である障害を捉えることなのだということを、私は知った。

ネガティブなものがナンボのもんだ。

以来私の中にはこの感覚がやどっている。「失業」「お金がない」「病気である」「多くの人ができることができない」「アルコールがやめられない」「ギャンブルがやめられない」「部屋が片付けられない」「みなりに無頓着」「家事が苦手」。支援の中では、こういった事柄が「ネガティブなもの＝支援課題」として忌々しげに語られる。そのことを、私はいつも苦々しく思う。「いいじゃん別に」と思う。ストレングスの視点の重要性が重視され、無理やりにストレングスに注目されることもある。「失業はしているが、助けてくれる友人がいる」「病気であるが前向きである」「部屋は汚いが、綺麗にしたいという気持ちがある」。いずれも、本人の生きづらさを構成する元となっている行動は「問題」のラベルが貼られたままである。

私はこの状態では、「受容」などは程遠いと思っている。現実的に確かに「課題」となりうる。私も一応支援者ではあるので、「アルコール依存」となると「断酒」に意識がむく。そのままでよいとは思っていない。でも、アルコールを飲んでいてもいなくても、「ゆるぎない存在としてのその人」を肯定する感覚がある。何なら、その「弱くて」「愛らしい」感じ、というのをまるっと「割と好き」と思っているし、そんなものをたくさんまといながら、生きていく姿を「強いなあ」と思ったりしている。アルコールを飲んでしまっても、「だよね、これまでそうやって生きてきたんだもの」と思う。

ネガティブなものの多くが、実はただ単に社会的に構築されたものにすぎない。「障害」を挙げたが、他にも、家事ができない、とか、電車でパニック発作を起こしてしまうとか昼夜逆転とか。家事は面倒だし、食べるものなんて、この便利な世の中ではなんとでもなる。電車でのパニック発作も、動物としては理解できる。というか、あの密閉された、他人と至近距離な場で混乱しない方が異常であるとさえ思っている。昼夜逆転についても、人間の体内リズムは二五時間という説があり、放っておくと昼夜逆転になってしまうというのは自然なことなのかもしれない。ちなみに私は夜の方が好きだから、できれば夜活動したいと思っている。長年の通勤で、五時起床の一二時就寝というリズムは体に刻み込まれているが、その方が無理がかかっているような気もする。夜ふかししたい、マーゴリンの本を夜中かけて読みたい、やりかけのマリオギャラクシーをコンプリートしたい、ぶっ通しでドラマを観たい、冬に備えてワンコにセーターを編んでやりたい、そんな思いは常にあるが、「明日も仕事だから」とトボトボと布団に入る。そして、時間になると眠気が襲い、マーゴリンの本が額に落ちてくるのだ。身体に「社会の時刻」が刻みこまれている。この便利さと、虚しさの中を、今日も生きているし、それが社会に適応することだとするのならば、そんなに手放しで賞賛できるか？　と思う。

支援者の多くは、とても「まじめ」だ。私たちが小さなころからよく言われてきていたことを身にまとってそれを正しいと思って生活している。「きちんと勉強しなさい」「男の子は泣いたらダメ」「女の子なんだからおしとやかにしなさい」「勤勉でありなさい」「努力家でありなさい」「人に優しくしなさい」。美徳とされるものが、躾を通して、我々の体にしみこんでいる。「だらしない」とされる生活を忌避し、汚れた部屋に住む人を見ると、「綺麗にしないとダメです」と言う時代ではなくなっているものの、「お部屋も綺麗にできるとよいですよね〜」なんていう声をかける。そして事務所に戻ってから「主の居室を訪問すると、随所にほこりがたまっており、カップ麺やスナック菓子の袋が転がっている状態であった。何等かの理由で片付けができない状態にある。本人からは、「やろうと思っても身体が動かない」「ダメな人間です」などというフレーズが多く聞かれ、抑うつ状態にあると思われる。通院を促し、服薬を開始した段階で、掃除の提案をしてみることとするが、場合によっては業者対応が必要と思われる」などとケース記録を書く。

そこに、メインストリームから離脱する生き方が肯定される余地はない。バイスティックによるケースワークの七原則[12]はこの仕事をする人にとっては大変良く知られたものであるが、その中に「非審判的態度」という言葉がある。確かに、今どきは、支援者の多くは、明確に「審判」をしない。優しい言葉で、「受容」しながら、「審判と気づかれぬように審判をしている」。「お仕事大変ですよね〜お片付け面倒になっちゃいますよね、わかるわかる、私もよくペットボトルためこんじゃうんですよ〜」と言ってみては、無意識なしたたかさで、しかし本心では眉をひそめながら「何とか片付けに気持ちを向けてもらおう」とする。その欺瞞に満ちたやり方が私は本当に苦手だ。苦手にも関わらず自分でもたまにやってしまったりもして、後からひどく落ち込んだりもする。雑な言い方だが、「こちらの思う良い状態になんの葛藤もなく乗ってきてくれて、思い通りに動いてくれるのであればラク」だから、ついつい不誠実にもクライアントに「なんとかその気になってもらおう」としてしまいたくなる。そんな表面的なかかわりでは、かかわったことにならないというのに。

これまで、無数のゴミ屋敷の掃除を手伝ってきた。ゴミ屋敷にはいろいろなものがある。物理的にもだが、その家の歴史であるとか、羞恥や葛藤、孤独に加え、誇りや好きなものなどのポジティブな生が見えることがある。ネズミの死骸を見るのは私も嫌だし、フライパンを開けた瞬間にゴキブリが一斉に出てきて、それ以降ムール貝のワイン蒸しを作ることができなくなった。天井のゴキブリの隊列を見ながら一メートルほど積み上がったゴミの山に登った時には何かを覚悟した。一般的な住宅の内寸は二・七メートルで、わたしの身長が一・五メートルだ。よってゴミの山で背中を伸ばしてしまうと、ゴキブリの隊列との距離は二〇センチだ。全て一般的には「ネガティブな経験」だ。

しかし、「ひえぇぇぇ」とかと思ったりしても、即片付けろ、とは思わない。ゴミに見えるものとはいえ、堆積されたモノの上をよじ登るのも気が引ける。昨日までそこで生活してきた人たちが、今日もそこで生活をしているのだから、どんな明日を過ごすのかを決める権利はその人たちにあるのだ。総論としては片付けたいと言っていても、「あっ、それは子どもが図工で作ってくれた母の日のプレゼントです」「あっ、それは限定物のフィギュアです」「あっ、それはお父さんが好きだったコップ」「あっそれは前飼っていたワンコの骨です」など、物に込められた思いに触れるたびに、「掃除ができない」ことをそれほどネガティブに語りたくないという思いにかられるのだ。早く一掃してしまえ、とは口が避けても言えない。しかし、「あっ、それは……」の思いや、そこで生活をしてきた人という視点がすっぽり抜けたり、なんらかの理由でこちらに余裕がなくなって「思い」を見ない、もしくは見なかったふりをしてしまうと、「どう言いくるめて片付けてもらうか」に意識がむいてしまう。

前節でも書いたが、ネガティブなものは、ネガティブではないこともあるし、本当にネガティブなものもある。少なくともネズミについて調べると、「ペスト」という言葉が出てくるので、ドキッとする。ゴミのなかでちゅうちゅう鳴いていたあいつらマジでヤバい奴だったのねとは思う。そんなネズミたちに名前をつけていたクライアントもいたが、「公衆衛生上」リスクがある以上は、駆除の対象だ。ゴミ屋敷のネズミはやたら肥えていて、殺鼠剤も効かないスーパーラットもいるので、殺鼠剤と旧式ネズミとりの二刀流で挑むことをまずはクライアントにお勧めする。公共の福祉に反しない限りでの自由というのが我々の国における権利であるわけなので、公共の福祉に反するネズミに名前をつけている場合ではない。本当にネガティブで、排除しないといけないものもあるが、面倒なことに、私たちの社会は、法律の外でネガティブ扱いされているものがたくさんある。私たちは、ネガティブとされていることが本当にネガティブなのか、をしっかりと吟味しなければならないし、そのためには、自分が信じている規範を一度相対化してみる必要があるのだ。

竹端寛はその著書の中で、私たちの中に巣食っている、「他人に迷惑をかけない」というルールを、「他人に迷惑をかけるな憲法」と呼び、その呪縛をとき、自らの魂を解放するようなプロセスや考え方に触れている[13]。その本のなかで、丁寧に例示されていることは、私が息子を育てる上で感じてきたことや、今の若い世代の子たちについて感じていることとそう遠くはなく、読みながら、「やっぱ他人に迷惑をかけるな憲法の方が迷惑じゃんね」とひとりごちる。そういえば最近SNSでよく見かけるようになったのが、インドの子育てだ。日本では、「人に迷惑をかけるな」と教えるが、インドでは「あなたは人に迷惑をかけて生きているのだから、人のことも許してあげなさい」と教えるという。

この「他人に迷惑をかける」ということをネガティブなものとして忌み嫌い、排除することは、福祉の世界では大きく作用した。竹端が著書の中で触れているように、障害を持った人たちが生きる闘いをするなかで、殊更、問題化したのがこの「他人に迷惑をかけるな」ということであった。その言説に対し、「他人に迷惑をかけて何が悪い」と開き直ることで、道を開いてきたのが、障害を持った当事者たちだ。そもそも、障害にネガティブな烙印を押し、出生前診断からの中絶、さらには生まれてからの子殺しなどに、命と魂をかけて障害当事者たちは闘ってきた。その中で幾度も繰り返された「障害をネガティブなものとして捉えない」という叫びと、自分自身さえもとらわれている健常者幻想を断ち切るための仕組み（ピアカウンセリング）を広げてきた。殺されるかもしれない存在であるという危機感と怒りをベースに、勝手にネガティブの烙印を押して、リハビリ強要したり、殺害したりするなよ、ということを訴えてきた。ネガティブじゃない、私は障害のあるこの身体に愛情があるのだ、と。

当たり前だが、障害があることは法律違反でもなんでもない。世の中には、法律違反でもないのに（法律だけが根拠ではないが）、実態のよくわからない「誰か都合」の規範がたくさんあり、それを内面化しているのが、私たち人間という存在である。その当時その当時で、その規範を持つことが求められたのだとは思う。そして、支援者もまた人間である以上はこの内面化された規範と無縁ではいられない。そういった規範が実にたくさんある。障害だけではない。不登校も病気も太っていることも禿げていることも怠けていることも、ネガティブとして語られてきた。そうして、男らしくあること、一家の大黒柱としてあること、長男嫁としての責務をまっとうすること、学生らしくふるまうことなど、付与された役割を演じながら、そこからはみ出るネガティブな存在にならないように育てられてくる。これらすべて「可変的なもの」であり、「普遍的な価値」であるとは言えないことなのに、ついぞ絶対的な真理のように信じてしまう。そのように育てられてきたから、それはすでに体に染み込んでいたりもするし、アイデンティティの一部になってしまっていたりするので、自分が纏っている価値への疑いというのは存外に難しいことなのだと思う。

だからこそ問うのだ。私の見方は本当に正しいのか、と。これは本当にネガティブなものなのか？　と。自分を取り巻く小さな世界観ではなく、書物に触れ、新しい言説にふれ、世の中で言われるようになったことに触れ、思考し、他者の意見を聞きながら、反芻することが必要なのだ。

そしてもう一つ大事なことは、私たちに内面化されたネガティブラベルが貼られたものは多くはその「排除」の根拠を持たないということだ。ゴミ屋敷のネズミ自体は排除の根拠を持つ。あいつらはマジでヤバい奴らだからだ（もちろん、衛生的な環境で飼育されたネズミは駆除する根拠はないようにも思う）。いくらネズミに名前をつけたところで、ネズミはネズミであり人間ではなく、病原菌保有のリスクがあり、かつてそれで国が滅ぶかどうかみたいなことになったわけだから、明確に排除の根拠を持つ。「ネズミ」は、だ。私たちは「ネズミがいる、やべえ」から、「部屋を片付けろ」、「この汚い状況は許すまじ」とゴミ屋敷そのものの撲滅へと目を向けてしまう。ネガティブ即排除って、それいじめっ子の論理と同じじゃね？　と思う。さらにそこに、「許容できない」街のありようが重なって見えるのだ。モデルルームのように整然とした室内で、流行りのくすみ色のおもちゃで遊ぶ可愛らしいお洋服をきた乳児、みたいな家のイメージが独り歩きしていて、「許容できなさ」を生み出してやいないだろうか。

ちなみに我が家は、子が小さなころは部屋の中によくＢＢ弾とレゴブロックが落ちていた。レゴブロックは踏むとしばらく声が出せないほど痛い。ＢＢ弾は、洗濯機の中をカラカラと回る。うっかり確認せずに、ズボンをパンパンっとすると、ＢＢ弾が床にぶちまけられる。社会化されていない存在と暮らすというのはそういうことだ。乱雑であることや汚いことを忌避し、排除しようとする社会の中で支援者自身もそういった規範を無意識レベルまで落とし込んでいる。その無意識を意識レベルまで持ってきて、吟味して見るというプロセスぬきに支援をすることは「人に向き合う真摯な態度」とは言い難いし、支援自体がうまく進まない。ただ「きちんとしなさい」と怒鳴る母の言葉が、支配としてしか伝わらないように、クライアントにも、一方的に、無反省に支援者の価値に引き摺り込むのは、対等とはほど遠いコミュニケーションのありようだ。そして何より、結局のところ支援者自身も、許容できない社会の構築に加担しており、強化の一端も担っている。そして、そこからの離脱のできなさという意味で自分の首も締めていくのではないだろうかと思う。

ある時、我が家で宅飲みをした。酔っ払った友人は、猫の毛がついたカーペットでゴロゴロしながら、「ああ、このぐらいの感じが落ち着くわぁ、整いすぎてる家は落ち着かないよね」と口にした。褒め言葉ととるかけなし言葉ととるかは私自身に委ねられてよいと思っているので、これは褒め言葉としてとろうと思っている。私は彼女の服についた猫毛をとるべく、ゴロゴロしている彼女の上から乱雑にコロコロ（粘着式のクリーナー）をかけた。彼女はくすぐったいのかウヒャヒャヒャヒャヒャと笑った。愉しい時間だと思った。それにしても、そろそろ掃除機はかけなければならない。猫毛が階段でケサランパサランのように舞っている。

3　内なる優生思想に向き合う

私はヤフーのニュースにコメントをする人たち、通称ヤフコメ民が好きだ。なんだかやたら偉そうで、自分は有能である前提で、かつ、むき出しの差別意識をぶつけてくるあの感じが好きだった。2ちゃんねる（現在の5ちゃんねる）よりも「客層が悪い」と言われ、オーサー制度を設けるも、そのカオスっぷりは止まらず、ついに電話番号認証が設けられたことで現在はかなりマイルドになっている。朝の始業時間の二〇分前に職場に着くことが多いので、朝ご飯を職場で食べながら、その日のニュースをざっと見て、興味を惹かれるニュースのヤフコメを見る。私がその欄を好むのは、「差別意識を隠さない」からだ。

福祉業界の中に長くいると、差別とは距離を取ろうとする。偏見を持ってはいけないと言い聞かせ、なんとか止揚しながら現象を観察する。ヤフコメ民の差別意識が顕著に現れるのが、精神疾患を持っている人が起こす犯罪の報道だ。これに対して私たち支援者は思う。精神疾患を持っている人たちの犯罪率は、健常者の犯罪率よりも低いのだ、その人は病状が悪化しているのだろう、悪い妄想がでているのかもしれない、排除されてきたからその矛先がむいたのだ、適切な医療を受ければ症状はおさまるのだ、と。こうやって、私たちは、即座にその人を取り巻く環境や、状況、背負っている背景に思いを巡らせ、「罪は罪としてあれど、人は憎まない」という方向性を弾き出す。これはこれでとても大事な段階だと思う。また、これがなければ、犯罪の構造の解明や再発防止のための支援には至らないから、必要なことでもある。

学部生だった頃、医療社会学の講義の中で、教授は言った。「精神疾患の人が重罪を犯すというのは偏見だ。なぜなら、統計上は犯罪率は健常者よりも低い、また、重罪というが何を持って重罪というのか」と。私は、その時、「怖い」という気持ちの消化の仕方を知った。一方で、何処か無理くりケムに巻かれた感があったもの事実だ。その恐怖や素の感情を無理やりに消化する感じに、電車でブツブツ言っている人が隣に座ってきた時に実は消化されていなかった感情が露呈するのではないか、と密かに思った。しかし、当時の教授が言ったように、電車でぶつぶつ言っている人が隣に座っても「何かされる」という経験は結局したことがない。電車で「何メンチきってんだ‼」と大声でガラスに映った自分自身と喧嘩をしていたおじさんを見つけた時はその矛先がこちらに向くのではないかと思い、少しドギマギしたが、特にからまれることもなかった。もちろん、万に一つの確率で、本当に危害を加えられることもあるのだろう。ただし、それもまた、教授が言った通り、健常者のそれと変わらない確率であり（もちろん、そんな犯罪めいたことをする精神状態を「普通ではない」とし、すでに精神疾患であると定義するのであれば一〇〇％なのだろうが）、もうそうなったら運が悪かったと諦めるしかないよね、というぐらいの気持ちだ。

だが、ヤフコメときたらどうだろうか。「閉じ込めろ」「さっさと安楽死させてしまえばいい」「親が責任持って管理しろ」そんな言葉がずらりと並ぶ。これは今にはじまったことではない。宮台真司は、一九九七年に出版した『まぼろしの郊外』の中で、n×nメディアであるインターネットの中で、公共的予期の成立しない空間について言及しており、差別がいけないという公共的予期が、公共空間であるにも関わらず共有されておらず、インターネット上では差別的な言説が飛び交っていると指摘している[14]。これは、おそらく2ちゃんねる（現5ちゃんねる）のことなのだろうなと思う。公共空間でありながらもその予期が発生しないという場にいる人々がどの程度の人数なのかは不明であるので、ヤフコメ民の見方が世間一般だとは思わない（おそらく相当に偏ってはいる）。思わないのだが、私たちは、その不安や恐怖についてのケアを受けないまま、「差別をしてはいけない」ということを教えられ過ぎて、素朴な感情が蔑ろにされてきたのではないだろうかと思う。差別をしてはいけないと言い、高齢者や障害者には優しくできる人が、他方で陰湿ないじめをしていたりする。

人間とは、どんな生き物なのか、という哲学的かつ私の手にはある命題がちらついてしまうのだが、私たちは、元々「差別的な意識」というのを持ちやすい生き物ではないか、とふと思うことがある。弱いものを淘汰しようとしたり、異質なものを排除しようとしたりする。それが最も簡単なやり方だからだ。しかし、人類の長い歴史の中で、人間が人間たる理由である「理性」を持って対処してきた。また、「街」の節で書いたように、合理化と効率化の中で捨て去られてきた「許容のための余地」があればまた違ったのかもしれない。理性は育つものであり、付与されるものではない。私たちは、「育ち」のなかで、理性がはぐくまれる前に、「差別はいけない」という理性のルールを付与される。それは「暗記」に過ぎず、理解によるものではないから、応用が効かない。特定の文脈以外では、容易に差別するものとなってしまう。

中島義道も次のように言っている。

> われわれは少なからぬ人に対してごく自然に不快を覚え、嫌悪を感じ、軽蔑さえする。重度の身体障害者や精神障害者など「公認された」被差別者に対しては、それを表出しないように慎重に身構えていても、醜い女、仕事のできない男、動作の鈍い子供……に対しては露骨に不快感を示すかもしれない。15

現代に生きるわれわれは差別のない理想的状態の実現を急ぐあまりに、強引に敵を押さえつけるという非反省的な態度をとってしまいがちである。[16]

そうして事件が起こった。あの相模原障害者大量殺人である。植松被告は、「障害者は社会にとって役に立たない迷惑な存在である」という理由で、入所施設の障害者を次々と殺害した。おぞましく、いまわしい事件である。ニュースをみて、私は身震いした。彼自身、措置入院の直後ということで、障害の種別は違えども、自己矛盾に満ちた事件であったことが私に重ためのもやもや感をもたらした。

世論は、「けしからん」と憤り、被告を悪魔のように扱った。しかし、私は釈然としなかった。彼の行為がもし、健常者に向けられたものであれば（つまり優生思想に基づかないものであったのならば）彼は、病状として擁護される側になり得たのではないかと。人権を重んじる人たちが、「被告はけしからん」というたびに、（実際はどうなのかはわからないが）彼もまた障害者であるという観点がすっぽりと抜けていることに、違和感を覚えた。そして、こうも考えた。「私には、優生思想の芽はないのか？」「私には、差別的な意識はないのか？」と。

答えは否だ。私にもある。差別的な感情は確かにある。電車でちょっと不穏な雰囲気の人がいれば、別の車両に移ろうかなと一瞬は思うし、子が生まれるときには五体満足を願った。子が「普通」の道から大きく外れることに恐怖し、大学に合格したときには、小躍りして喜んだ。ポリシーの徹底のために、塾に積極的に通わせることはなかったが、それも幾度となく揺れ動いた。確かにあるのだ。自分の文脈に置き換えたとき、「我が事」に近づけば近づくほど、能力や状態についての差別的な意識がむき出しになってくる。そのむき出しの差別意識を、必死に言い繕うことにも疲れてきた（結果、相当口が悪い人間になっている）。普段から、相談支援の現場で働くうえで心掛けている、「どんな状態であっても、人間には尊厳があり、それは大切にされなければならない。足が動かなくても、手が動かなくても、物事をうまく考えられなくても、尊厳があり、尊重されねばならない」というこのソーシャルワークの大原則に反する「本音」のなかを揺れ動く自分自身に気づくのだ。そうして思う。「ああ私はいつでも差別する側にいるのだな」と。

人々は差別に反応して、立腹する。障害を持った人は生産性がないから、などと口にする議員が何年かに一度は現れて、その度にメディアから総叩きになる。そして、形だけの謝罪を繰り返したりする。このことの問題をヒシヒシと感じるのだ。障害を持った人が、いわゆる市場労働からはじき出されていて、そういった意味で生産性が低いというのは、ある面では正しい。そんなことはない、障害を持っていても働ける、障害を持っていてもこんな素晴らしいことができる、生産性が低いなんてとんでもない、と抗議する人もいる。私はここに疑問を感じる。結局のところ、生産性と人の価値が連動していることに、なんの異も唱えられていないからだ。せいぜい生産性の定義が広くなったくらいである。では、寝たきりの人は？　植物状態の人は？　今度は、テキストとして費消するだけではないか。そもそも役に立たなければ価値がないというその価値観そのものに、人の価値とは何か、という議論を詰めてこそ、初めて差別解消の入口に辿り着くように思う。

四十数年生きてきて、辛酸を嘗めるような思いをしてこなかった訳ではない（むしろ人に言わせると結構なハードモードさで人生を送ってきている）。しかし、現在、健康体で障害はない。結婚している。健康な子どもがいる。定職についている。いわゆる「強者」のポジションである。植松被告は、「弱者」のポジションだったかもしれないが、それでもなお、差別意識を内包している。「こっちの方がよい」と思うものを、持っているということだ。もちろん、それが全くなければ、ソーシャルワークは成り立たない。「よくない状況」があって「よい状況」があるのだから、よくない状況からよい状況になるために支援者は介入する。そこには必然的に、嘘偽りなく、描かれた「よい状態」がある。

綺麗事はいくらでも言える。差別をしてはいけないと言える。差別の持つ難しさは総論賛成各論反対になりやすい点だ。我が身に近づくほど、差別的な思いは顕在化する。精神障害者も地域で暮らす権利があると言うその口で、グループホームが近所にやってくるとなると反対の意を述べるのだ。障害児も一人の人間、と言いながら出生前診断で障害が発見されると、中絶という選択をする。差別をさせないこの国の教育は各論から目を背けさせ、結果として疎外と差別を助長している、そんな風に感じる。語ること自体が忌避されてしまう。これはとても危険なことではないだろうか。

差別なんてするわけない、と思っているかもしれない。これもマーゴリンが指摘した優しさの名の下に反省されずにいることの一つではないかと思っている。例えばこんなことがある。以下は、スーパーバイザーと中堅相談員のやりとりだ。ある日中堅どころの相談員があなたのところに、こんな相談を持ちかけてきた。

相談員　：先ほど相談を受けた方の件です。精神疾患をお持ちで、うまく金銭管理ができず、家賃滞納が長期化しています。また、服薬管理もできていないようで、気持ちの落ち込みが激しくオーバードーズを繰り返しているようですので、施設相当の状態だと思うのですが、何処か良いところ知りませんか？

スーパーバイザー：ご本人は施設の入所をどう考えているんですか？

相談員　：……？　特に聞いていないです。

私が掘り下げを感じるのは、こういった場面だ。本当はぐいぐいとこう掘り下げて行きたい。なぜ、本人の意向を確認しなくて良いと思ったのか、と。そうすると相談員はこう答えるだろう。

相談員　：だって生活が維持できていないのだから、選択肢なくないですか？

さらに掘り下げる。

スーパーバイザー：自分でできない人の意向は聞かなくていいの？
相談員　：聞くだけ無駄じゃないですか。
スーパーバイザー：それでも聞いてください。無駄かどうかはあなたが判断する事ではないと思うけれど。極端かもしれないけれど、人はみな自分の思うところで生活する権利があるのに、できない人にはそれを表明する権利すらないってそれは差別的だとは思わない？　あなたが言っていることって、稼ぎもないくせしてオレに文句言うなっていうアレと何が違うのかしら。

相談員：そんなつもりはありません。でも自力で生活できない以上は人の世話になるのだから、世話してもらう立場としてある程度我慢は必要だと思います。

スーパーバイザー：現実問題として制約は出るかもしれないけれど、なぜ我慢を仕方ないと思うの？

相談員：助けてもらう立場だから仕方ないんじゃないですか？

ざっとこんな感じである。ほんの小さな場面で、差別的な意識が支援者の中に見え隠れすることがある。人の世話になる人はなるべく迷惑にならないように、と刷り込まれ一生懸命生きてきた人ほど、この規範を内面化しているから、なかなかクライアントが持っている基本的な権利を、保護される立場だからという理由で侵害していることを認めたがらない。これが差別でなくてなんだと言うのか。自分自身も含めて、差別を「理性の暗記レベル」でダメという前に、自らの中にある差別的な思考に向き合うことが求められる。

4 困っている人はどこにいるのか

不可視化されている「困っている人」が集まる場所はどこなのだろうか。激安のネット通販などがある今、昔ながらのボロボロの服をきたホームレスは少ない。ネットカフェ難民という言葉が出始めたころから、ホームレスとそれ以外の人の区別がつきにくくなった。それでも、当時は、靴と鞄をみると大体は区別できたものだ（なんとなく）。今はほとんどわからない。一見して、ン？　と思わせる雰囲気の人もいるが、そうでもない人の方が多い。子どもの貧困率は一一・五パーセント（二〇二二年現在）と言われるが、子どものクラスメイトを思いうかべても、それらしき子どもは見つからない。挙句、「敢えて家を持たず車で生活するユーチューバー」などの、（多分）「主体的な選択としての居所なし」の人たちが、家のない生活を公開していたりするので（消極的選択として居所がない人＝）「ガチのホームレス」の状態の人たちが見えにくい。

相談員の現場の第一線にいたときに、支援で出会った女性がいる（以下相当の脚色を加えてある）。彼女の名前はキヌ子さん。キヌ子さんは、一見してわかるほどに、理解力が低かった。名前を書くこともおぼつかず、漢字も書けない。話は通じにくく、彼女自身が発する言葉も繰り返しが多く、三分に一回はアッカンべーをする。それでは私の理解がおぼつかない（のちに、知的障害3度の認定が出ていることが判明した）。彼女はかたくなに、「私は工場で普通に働いてきたんだ」と主張した（その主張だけは明確に分かった）。小学校の時にも工場には見学にいったが、すでに記憶がない。そのころの私の中の工場のイメージは、大人になってから仕事でいったキューピーの工場のようなオートメーション化され、最小限の人間が、随所に立ち、監督的なことをやっているようなもので、キヌ子さんの話を聞いたときに私は失礼ながら「盛ってるな」と思ったのだった。キヌ子さんの様子をみていて、働けると思えなかったからだ。

しかし、繰り返しの「私は普通に働いていた」の主張に、「もしかしたらイメージが足りていないのは私の方ではないか?」と思いなおし、彼女と共に年金の納付記録を確認したところ、確かに彼女は三五年にわたり、一般就労していた。もちろん厚生年金も支払っていたので、慌てて遡及手続きを手伝い、相当の年金を取得できた。失業のきっかけは「工場の閉鎖」だったという。「海外にいっちゃったんだよ」と、つまらなそうに話す彼女を見て、工場のオートメーション化や海外移転はほんのわずかな間に進行したことを思い知った。そして、相談当初に自分が抱いていた工場のイメージがいかに貧弱であったかを思い知らされて、恥じた。かつての日本は、すべての人をではないものの、軽度の知的障害を持つ人や今で言う発達障害を持つ人が「普通に」働ける余地があったのだ。

ある時、雑工しかやったことがないが、雑工の仕事なら勝手もわかるし自信があるというおじさんが相談に来た。しかし、そのおじさんは携帯電話を持っていなかった。携帯電話でやり取りをし、場合によっては勤怠管理もするということが増えてきているので、携帯電話を持っていないおじさんはなかなか仕事にありつけなかった（人手不足からか、最近では携帯電話がなくてもＯＫというところもあるが）。

またある時は、マンション管理人の仕事をしたいという高齢男性が来た。人当りよく、健康状態も問題なく、仕事はすぐに決まると思われた。しかし、「日報をＰＣメールで送付する」という点がクリアできず、結局希望する仕事にはつけなかった（こちらも、今であればだれでもできるようにタブレット入力とかになっているのだとは思うが）。

第一次産業の危機が言われるが、第二次産業もオートメーション化や海外移転により最小限の人員で回せるようになった今、市場労働の多くを占めるのは、第三次産業である。身体的な労働力の提供から知的能力の切り売りへ。もしくは、感情の切り売りへ、と労働市場は変化している。その中で、うつ病になったり、エンドユーザーの見えなさからやりがいを感じられなくなるということはある。確かにある。だから、社会貢献がしたいといって福祉の現場に来る人も多い。第三次産業ばかりの働き方は、しんどさをもたらすだけではなく、特定の人たちを労働市場から排除してしまう。空気が読めないという言葉に代表されるアスペルガー症候群の人たち、理解力が低いとされる軽度の知的障害者たちにとって、今の社会は間違いなく生きづらい。良い悪いはあったと思う。あったと思うが、それでも、産業構造が異なっていた時は、軽度知的障害の人達や発達障害の人たちは、少なくともそれが「障害」として日常に立ち現れない程度には、社会に内包されていた。

「北の国から'98時代」（フジテレビ制作）の中にこんなセリフがある。「今の農家は気の毒なもンだ。どんなにうまい作物作っても、それを食べた人から、直接ありがとうって言われることないものなぁ。だから。おいら、小さくやンだ。ありがとうの言葉が聞こえる範囲でなぁ」。[17]

知識と感情を切り売りしていくこの社会は、しんどい。素朴な「ありがとうおいしかったよ」が聞こえてこない社会は、しんどい。笑顔をゼロ円で売って、察して動いて、カフェでPCカタカタやって、ZOOMで世界中とつながることが、得意な人ばかりではない。では、得意ではないという人は一体どこにいるのだろうか。

刑務所がセーフティネット化していることを指摘したのは、「累犯障害者」という言葉を世に知らしめた山本譲司[18]である。確かに、相談に来るヤクザもんの方々には、軽度の知的障害者の方が大勢いた。また、風俗がセーフティネット化しているというのも言われるようになって久しい（二〇一四年一月三〇日放送の「クローズアップ現代　あしたがみえない～深刻化する

〝若年女性〟の貧困〜」）。風俗街を抱える街に行くと、駅で一センチほどの厚みのあるオールカラーの求人誌を渡される。ネットカフェでトイレに入ると、支援のポスターの傍に、風俗求人誌が置いてあったりもする。年齢、容姿、子の有無など問わず、幅広い年齢と状況の女性をカバーできるだけの求人があり、「寮つき、託児付き」の触れ込みも多い（大抵は、同じ店の子が子どもをみるスタイル）。また、最近では、トー横と言われる歌舞伎町界隈でパパ活をする女子が取り上げられている。ただし、トー横の子たちは、単なる貧困という訳でもなさそうであるが。

ネットカフェ、風俗街、ドヤ街の他、宿付きの派遣を転々とする人もいる。こういった人たちはとても見えにくい。いないわけではないのに見えにくい。見えにくいから、見ないようにしていると、見えにくい人たちによる事件が起こったりする[19]。もちろん時代や特性だけによるものだけではなく、そこに虐待やヤングケアラーなど、暴力や搾取という経験も相まって、ということが多いのだが、不可視化された人たちは、ギリギリ「闇落ち」しないよう「ひっそりと」生息している。あるいは、ヤクザ、風俗、刑務所といった闇に近いところで生活していたりして、「闇堕ちに手引きされ」薬漬けにされたりする。私たちが、支援の対象にするのはそういう人たちだ。一方で、そういった人たちはなかなか相談の場に現れない。もうどうにもならなくなって、ボロボロの状態で相談に訪れる人がほとんどだ。昨年（二〇二二年）一二月、そして今年（二〇二三年）の一二月もトー横で警察による一斉補導がなされたが、すぐにまた戻ってしまう。ビジネスホテルに一部屋をとり、そこに複数が雑魚寝をしながら生活をする。一時的に福祉に繋がることはあるが、やはりすぐにまた戻ってしまう。

さまざまな生きづらさを抱え、無数の傷つきを経験してきたその人たちは、なかなか公の前には姿を表さないのだ。まるで、「見えてはいけない」と言い聞かせているかのように。

5 あっち側とこっち側

陽キャと陰キャという言葉を若い子から聞くようになって久しい。たしかにわたしが若かったころも、派手グループと地味グループみたいな区分けはあった。理性の確立がまだなされていない（大人だからといって理性的かどうかは甚だ怪しいが）子どもという存在に目を向けると「仲間はずれ」という現象は本能であるとさえ思うほど多い。小さなころは、なんとなくということもあるが、より明確になるのは小学生ぐらいだろう。

わたしが育った家では、テレビを含めた流行り物に乗っかるという文化がなかった。当時サンリオの「ファンシーグッズ」が流行りで、月一回、サンリオショップに行った時には、一つ何か買ってもらえるというルールがあってとても楽しみにしていたが、高学年になって流行り始めた「りぼん」や「なかよし」などの漫画雑誌は禁止されていたし、トレンディドラマやお笑いも禁止されていた。いわゆる「お堅い」感じだった。当時、ダウンタウンの浜ちゃんを知らずにいて、どうしてみんな若いのに「釣りバカ日誌」の話をしているんだろう、と本気で思った（口に出さなくて本当によかった）。高学年になるにつれて、「話についていけない」ことを危惧するようになり、当時はさほど珍しい存在ではなかった同様の教育方針の家で育っている子と仲良くなっていった。その子も、中学生になるとドラマ「高校教師」にハマり、ちょっと遠い存在になったような気がした。

「共有」や「共通性」を通して集団が形成される、そんなことを身を持って知っていた。それは「いじめ」が起こるのに十分なのかもしれない。わたしが身をおいた環境は、共有できるグループと共有できないグループ、つまり派手と地味の数バランスがよかった。また、教師という共通の敵がいたことにより、おとなしめで地味で流行りに疎かったわたしもはぶかれることはさほどなく義務教育を無事に終えた。「異質なものを排除する」「共有できない存在を排除する」という力動を感じながらも乗り切った。

息子が小学生になると、グミと妖怪ウォッチが流行り始めた。息子から語られるグミや妖怪ウォッチの話は、自らの小学校や中学校のときと全く同じで、親の立場として二度目を経験するのは嫌だなあ、子どもにあの時の自分と同じ思いをさせるのは嫌だなあと思い、わたしはほどよくグミを用意するようになった。夫は、妖怪メダルの話をきいた翌日に妖怪メダルを買ってきてくれた。昭和に育った私たちは、こういった剥き出しの「排除」にちょっとした傷を持っているのだと思う。そういえば、映画「二〇世紀少年」でも、お前万博いってないんか‼みたいななかで、屈折していった子がめちゃくちゃなことをやらかしていた。「仲間づくり」と「剥き出しの排除」を経て、分かり合っていく過程のなかで、折り合いをつけながらやっていくという術を学んできたように思う。これは経験した方が良いことなのかどうか、わたしは未だにわからない。拗らせて、「二〇世紀少年」みたいに破壊と支配に没頭すると困る。いじめだってないほうが良い。しかし何か違和感があるのだ。

「違うもの」と触れた時に、ハレーションが起こる。そのハレーションを解消するプロセスの中で、自己が明確になり、違ったものを受け入れる組上ができると共に、揺るがない自己が形成される、ということもあるのかもしれないと最近思っている。

同質集団は楽だ。楽だが、完全に同質ではない。異質になることを恐れて、自分の中にある欲求にふたをして、表面的に合わせていく。より強固に異質なものを排除しようとする。「やばいよね、あいつの服のあのセンス、あり得なくね？」と、本人ではなく、内にむけて宣言し、「あなたとわたしは価値を共有していますよ」と声高に宣言する。仲間に対しては過剰なほど気を使うが、仲間以外は人間ではないという人が出来上がっている。宮台真司はこれを「仲間以外みな風景」という言葉で表現している[20]。もちろん、私自身昭和的な回顧を伴っている時点で、加齢による「昔はよかった」の念かもしれないし、ここら辺についての学術的な知識は深くないので、心理学や精神医学の専門家に尋ねてみたいところではある（おそらく、心理学や精神医学の専門家内でも割れるだろうが）。正しいみかたかどうかは自信がない。しかし、打たれ弱い若者、であったり、引きこもり、であったり、親に迷惑をかけるのは申し訳ないので、生活保護を受けたいといって相談にくる若者がいることだったり、というのを考えると、他者性が希薄になっているのか？　という気がしている。

他者に出会う機会がないと、自分の世界で生きることになる。同質集団の中で同質性にだけ執着していると、異質性の許容が難しくなる。でも、人間は結局のところ異質な存在であるから、どこまで経っても孤独なままになりはしないだろうか。無理に同質にこだわり、異質な部分を出せずにいることに疲れて引きこもっていったり、ネットでうまくバランスを保ったりしながら、「異なる存在としての他者と出会わずに大きくなる」。それをやり続けることは、「あっち側とこっち側」をずっと持ち続けることになる。いや、もしかすると、大人がこっそりと持っているあっち側とこっち側の投影にすぎないのではないか、と思ったりもする。そして、あっち側にはあっち側の生があるということがすっぽりと抜け落ちてしまう。そしてこっち側の中にある「違い」をうまく消化出来ず孤立感に苛まれるのではないだろうか。「傷つけたくないし、傷つけたくないから、あまり深入りせず差し障りのない会話にとどめ、楽しいことだけ喋っていようというような、相手と距離を置く自閉的なやさしさ」と心理学者である榎本博明は表現しており、それが閉塞感をもたらしていることを指摘している[21]。それは全くその通りだ。違いというのは摩擦を起こす。例えば私が愛犬を見て、たぬきに似ていると言う。それに対して夫は、レッサーパンダに似ていると言う。実にどうでも良い違いであるが、同じ空間にいて同じものを見ても、違いは出る。あるいは、私は牛タンを焼いて「うま〜」と言いながら食べると、息子は微妙な顔をし、「舌だよねえ、それ」と言う。もし私が夫に絶対に嫌われたくない、と思うのであれば、「そうだね、たぬきに似ているかも、と思ったけど、レッサーパンダの方が似てるかもね」と夫の見え方に寄せるだろう。息子も、目上の人と一緒に食事をする時には、美味しいです、とか言って牛タンを食べるのだろう。そういう関係がすべての生活を覆うと、当然息苦しい。自分達の身体や生きてきた経緯から発せられる生の感情を一旦引っ込める。日常的にそんな思いはあまりしたくないから、「価値観の近い人」と一緒にいるのと楽なのだ。それでもずっと一緒にいたりすると、価値観のずれのようなものは必ず出てくる。目玉焼きは醤油かソースかみたいな小さなことから、持ち家か賃貸か、子どもを持つか持たないかみたいなことまで、価値観が近いように思う人と結婚したとしても、日常的に小さな摩擦が生じてくる。この摩擦を支配でもなく、合わせるでもなく、ぶつけ合って、生活を継続していったりする。摩擦が大きくなると、一人の方が楽、となる。

自閉的なやさしさではいよいよ困ってしまうのが、孤独感が増した時と、家族を持った時なのかもしれない。孤独感の解消のためには、常に「あっち側とこっち側」を選び取る活動をしていくことになる。共通の趣味をもつコミュニティ、授業を一緒に聞くコミュニティ、ご飯を一緒に食べるコミュニティ、というふうに。それで、孤独感が解消されるのかは正直わからないが。あっち側とこっち側を、たくさんの領域で持っておくということだ。

わたしがあっち側とこっち側をとても嫌な形で見たのが、コロナの流行だった。二〇二〇年四月に緊急事態宣言が発出された。未知のウイルスに世界中が戦々恐々となった。歴史的なことだったのだと思う。ロックダウン派が大きな声をだした（ロックダウンの定義はさまざまで、ついにわたしにはそれがなんなのかわからなかった）。「経済を止めてみんな引きこもろう」と。結果、インフラ関係を除く人たちが家ごもりとなったのが第一の緊急事態宣言だ。わたしの仕事はインフラ関係とも言えるので、出勤した。その時ロックダウン派の言い分に心底ゾッとしたのだ。


「ロックダウンすべきだ。みんな引きこもろう。命が何よりも大事だ。一ヶ月くらいウーバーイーツでいいじゃないか」

経済は金儲けだけではない。生きるための経済もある。生きるための資源を届けるための職種がどれだけあることか。このかたは貴族なのだろうか。ウーバーイーツの配達員の命は大事ではないのか。マリーアントワネットみたいなことを言うなあと思った。二〇二〇年四月九日には、「コロナ禍でも働く「低所得者層」の葛藤と恐怖　移民が支える社会であらわになった階級格差」と言う記事が東洋経済オンラインに掲載されていた。ニューヨークでの話だ。以下引用しよう。

働いている人はなんとか地下鉄やバスに乗り込み、自己隔離する余裕のある人たちの家の掃除と維持に向かう。

エッセンシャルワーカーは「あっち側」として、「背景」となり、生きた者としては不可視化されているのだなと相当に驚いた。「医療職のみんなありがとう」的なブームもあったが、水道局のみんなありがとうはなかったし、保育園ありがとうみたいなものもなかったように思う。性格が悪いかもしれないが（多分実際に悪いのだが）、そこに、「私たちのために、火の中に飛び込んでくださってありがとう」みたいな特権意識みたいなものがかいま見えてしまう。飛び込んでいる人はかなりいたはずだが、目立って、直接的に自分たちの役に立っている人たちだけに感謝を送るようで、本当に気分が悪い日々を過ごした。エッセンシャルワークとブルシット・ジョブ[22]についての注目もなされ、エッセンシャルワーカーの賃金が低いことが取り沙汰されるようになったことは良いことだったと思うが、それすらも、コロナの収束と共にどこかに行ってしまった。喉元過ぎれば熱さを忘れる、の典型で自分たちを支えてくれる人がいなくなると困るから賃金あげてちょうだいな（でも自分は負担はしたくない）という感じだね、と穿った見方をしてしまうほどだ。

最近だと、一日八時間労働が長すぎると涙を流したインフルエンサーが話題になった。たしかに、学生から社会人になったばかりの頃はしんどいだろう。いや、もしかすると私たちだって無理が当たり前になっているだけで、しんどいのかもしれない、とも思う。だが一方で、短時間労働で現在の社会の便利さというのは保障されるのだろうか？　とも思う。一日四時間労働にするとして、残りの二〇時間の間自分が便利で楽しく、快適な生活を送るために、他の誰かには働いてほしいというのはあまりにも傲慢だ。私は寝るけれど、万が一夜中にお腹が空いた時に困るから、コンビニで働くあなたは起きて働いていてね、ということなのだから。実際のところ、ＡＩやオートメーション化で、人による労働量が減っても現行社会が維持できる想定もできない訳ではない。しかし、社会の担い手である別の人間、つまり他者の存在にあまりに無頓着ではないか。

兎にも角にも、低賃金で普段は、「努力しなかった自分が悪いんじゃないの？」と言われてきた人たちが、リスクに向き合いながら、社会を回すという構造が浮き彫りになった。一方で、緊急事態宣言時の保障を、という声は大きくなり、国はふんわりしている生活困窮者自立支援制度の住居確保給付金をコロナ仕様に無理やり拡大し、社会福祉協議会の貸付の要件をガバガバにする施策が実行されたのが二〇二〇年だ。

私は困惑した。何がこんなに腹がたつのだろうと。福祉関係者は、国からの金銭的な支援があることを評価する人も多かったかもしれないが、わたしはとにかく腹がたったのだ。全国の自立相談窓口は膨大な相談者からの電話を受け続けた。罵声と苦情が混ざった電話を受けながら、給付金を出す仕事に昼夜追われることとなった。現場に通知が降りてくる前に、制度変更がプレスリリースされ、テレビで流れた日があった。ハローワークに行くという本来の住居確保給付金の要件が緩和された四月の下旬だ。一日中電話を受け続けている現場の人間は、当然テレビを見ることはできない。家にこもることができる人々が先に情報を得て、どうなっているのか、といらだちながら問い合わせてくる。人手が足りない自治体は、派遣会社への一部委託を試みたようだ。大手の派遣会社の求人メールには盛んに、「明日から入れます。憧れの官公庁のお仕事」というメールを配信していた。ほぼ最低賃金で。私のように正社員で身分保障があっても、しんどかったというのに、ほぼ最賃で、明日仕事がないと困るような状況にある人が命と金とを天秤にかける事態があり、第一線で矢を受け続けた形になる。飲食店でのアルバイト従事者は、ウーバーイーツに流れた。家にこもり、政府は保障をせよと叫ぶ少しばかり余裕のある層の人たちの元へお食事を運ぶことで生きていた時期があった。今日的な奴隷制度だな、とゾッとした。見えにくくなった今も、きっと変わらない構造があるのだろうな、と思う。あっち側は排除の対象か、自分のために寄与してくれる人か背景なのだ、と思う。

6 子どもの声は騒音かという問いの中に存在する「対話」の不在

五月のある日、私は畑にいた。人は、「まだ育てる気ですか?」と笑うが、子が巣立ち、猫が旅立ったので、新しいことを始めようと、野菜の栽培を開始したからだ。よく耕された土はフワフワしていて、踏み締めると少し沈む。体重を優しく支えてくれるこの感触がとても心地よい。大した作業量でもないのに小腹が減ったので、私と夫は、昔ながらの喫茶店に入ることにした。昔ながらの喫茶店の昔ながらのナポリタンが食べたくなったのだ。

色褪せた食玩は、ショーケースの曇りでさらに色褪せているように見えた。ドアを開けると、カウベルがカラカラとなり、奥からは楽しそうな濁声が響いている。好きなところ座ってね、とパンチパーマのおばあちゃんが声をかけてくる。テーブルは昔麻雀用として拵えられたものらしく、さして長くもない私の膝でさえ、ガツンとぶつかるような有様だった。楽しそうな声の主は、マスターと呼ばれるおばあちゃんと、常連客と思しき二人の高齢者。狭い店内で、否応なしに声は響き渡る。

「あんた年金いくらよ」
「マイナポイントもらったか？」

途中、娘や婿の話になるが、基本的には金の話が続く。私は夫とともに、それを聞きながらナポリタンを食べる。すごく美味しいわけでもなく、なんなら自分で作った方が美味しいかもしれないそのナポリタンを妙に美味しく食べながら、ふと「どうして声が嫌じゃないんだろう、むしろ居心地が良いんだろう」と不思議に思った。

私は音があまり得意ではない。特に電車の中で無遠慮に繰り広げられる会話には辟易してしまう。なるべくイヤフォンをして自衛しているが、それでも気になる声というのはある。登山に向かう電車やバスに乗ると、近所の噂話、山の蘊蓄、会社の悪口、ヨイショする声など、音を拾ってはモヤモヤしてしまう。以前乗った電車では、ボックス席でもないのに、向かい合った乗客、六〇代と思しき男性がうんこの話で盛り上がっていて、本気でこの国が心配になった。でも四五年も前から続いているというこの古ぼけた喫茶店で繰り広げられる下世話な話の数々を、微笑ましい気持ちで聞いていた。これは一体どういうことなのか？

収穫してきたばかりのカブと青梗菜は大量で、泥もたくさんついたままだった。帰ってすぐに野菜たちを丁寧に洗いはじめた。若い頃よりも、こういう地道な作業が苦ではなくなったなあとぼんやり思いながら、先ほどの喫茶店のことを、最近言われるようになった「子どもの声は騒音か」という命題とともに思い起こすのだった。

とある地域で、子どもの声への苦情で公園が閉鎖になったということがニュースになっていたし、単身女性をメインターゲットとしていたと思われる某飲食店が離乳食の無償提供を始めるというニュースに、賛否両論が出ていたりもした。それより以前にも、子どもの声を巡ったトラブルというのはポツポツと見受けられた。

私が喫茶店でおばあちゃんたちの生々しいお金の話を騒音としてとらえなかったのは、「そういう世界に入り込んでいる」という自覚があったからなのだと思う。色褪せた食玩、四五年前から使っているというシュガーポット、ふにゃふにゃとしたビニールに包まれたメニュー表、キルトのボックスティッシュのカバー、唐突に置かれたディズニー系のぬいぐるみ、オブジェとしてではなく壊れたまま放置されただけであろう旧式の電話、パンチパーマのおばあちゃん、背後でついているＮＨＫのど自慢。これら全てのものが、その空間をつくりあげていて、その中では、おばあちゃんたちの会話が「ごく自然なものとして」感じられた。同じ話を、通勤電車の中で、あるいは岩盤浴の中で聞いたらきっと不快な気分になるのだろう。一方でおそらく昔ながらの銭湯の中で聞いたのなら、きっと「自然」なのだろう。場、というか文脈によって音の意味は異なる。デシベルで測れる時代なのに、音に関するトラブルが耐えないのはおそらくそういうことだ。

であれば、子どもの声も同様であろう。いつ聞くか、どこで聞くか、どの立場で聞くか、その時の自分の精神状態や健康状態はどうなのか。そこに左右される。私自身のことを言えば、日中の公園で子どもがワーキャー言っているのは微笑ましいと感じる。高尾山に向かう電車の中で、遠足の子どもがワーキャー言っているのも、なんなら謎の感傷に浸ってしまう。もちろん、乳児が泣くという状況も別に問題はないが、満員電車の中だったりすると気が気じゃない感じがするのでそわそわはしてしまう。事情はあるにせよ「場」として浮いてしまうからだ。そして電車には実に色々な人がいろいろな事情と身体と心をひっさげて乗ってきている。乳児の泣き声くらい、といっても、夜泣きでノイローゼになる親がいるように、乳児の泣き声のもつ力は想像以上に大きい。それはそうだ。全てのことを言語ではなく表情と泣き声で表現しなければならないのだから、本人だって必死だ。それに、そもそも乳児の泣き声の周波数はアラームやサイレンと同じで、警告音に分類される。もちろん、子どもの声が騒音かどうかという議論に決着をつけるのが本稿の目的ではないし、決着などつかない（状況や場に依存的なので、それぞれがそれぞれの立場から主張する）のだが、一つ言えるとすれば、子どもの声を騒音と感じやすくなるような構造自体は社会の中にあるのだろうと思う。仕事は感情労働が増え、みんな疲れ切っている。また、現代の社会は、二四時間眠らない。眠らないことで、便利さであったり、安心を享受できるような社会になっている。が、その分「夜勤労働者」も増える。そして、昼起きている人と、夜起きている人が壁一枚隔てた住宅で生活しているのだから、衝突は免れない。そんな軋轢が随所にある。子を育てる親も必死だが、ただ生活を営むということも、実はとてもストレスフルなのが現代の世の中で、その中で「親が悪い」「許容できない大人が悪い」と喧々諤々するのはナンセンスの極みだ。

喫茶店にはいる前に青梗菜とカブを車に積み込みながら、私と夫はこうつぶやいた。「私ら、なんとか生き抜いてきたねえ」と。我々は氷河期世代。なりふり構わずの時期が少なからずあった。生きるだけで大変な世の中であることが身体に刻まれている。だから、「子どもの声も許容できない大人が悪い」なんていう言葉に、心がヒリヒリとしてしまう。許容できないほど疲れ切った事情を抱えた人がごまんといることを知っているからだ。また、この業界にいると、障害を持った人たちの一部に聴覚過敏があり、どうしたって許容できないことがあるということも知っている。子どもは弱者だ。だが、心身ともに疲れ切った大人は弱者ではないのか。障害を持った人たちは弱者ではないのか。誰が、優先されるべき弱者であるか、ということがそれぞれの立場に基づいて、声高に叫ばれる。そのこと自体がとても自己中心的なように感じられた。確かに、虐げられてきた人たちや、肩身の狭い思いをしてきた人たちがその声をあげる時、ちょっとした強さ、が必要であることは間違いない。かき消されてしまう構造がある社会だからかき消されないように大きな声で主張しなければならない。子どもは騒いでなんぼでしょ、と。一方で、私たちは次のようなことにも気をつけなければならないと思うのだ。

非権力者が権力に立ち向かい自らの理念を実現するためには、それ自身権力を持たねばならない、という一種の自己矛盾に陥る（中略）しかし、目的の美名の下に手段の正当化をなすとき、差別に「対する」戦いが、新たな差別を生み出していることにはけっして鈍感になってはならない。[23]

「子どもが騒ぐものだ」という声の高まりとともに、音をいやだと思う人が何も言えないのであれば、そこには「力で黙らせる」と言う権力の反転があるだけである。それは対話とは言えない。

そうして、あの喫茶店のおばあちゃんたちの遠慮のない会話を思い出す。オブラートに包むという比喩を適用させるスキが一切ないストレートな会話を。

「あんたそうやって面倒くさがるからお金がたまんないのよ。もっとしっかりしなさい」

時代劇の殺陣の撮影で、人が斬られる音の演出は白菜を切る音だと聞いたことがあるが、カブの葉に包丁を入れてザクっとやるたびに、あの喫茶店のおばあちゃんの声が頭に響く。言われている方は溜まったもんじゃないかもしれないが、気持ちの良い言いっぷりだったなあと。

私たちは福祉の相談員という仕事をする上では、相手の心情や状況を慮ったりし、相手の置かれた状況を理解としようと努め、説教ではなく「受容」をする。福祉の長い歴史の中で、自己決定の尊重であるとか、パターナリズムの排除、利用者主体などといった言葉が浮遊してきた。また、過去の過ちへの反省も含め、自戒するかのように、「受容」が重視される。言葉たちが浮遊はしているが根付いていないと感じるこの頃、クライアントと話をするときに、一体何がおこっているのかということを少し考えてみようと思った。

人と人が「対等でいる」「対話をする」って一体どういうことなんだろう。ぼんやりと子どものころの情景が思い出される。私が育った時代の人間関係はそれなりに過酷だった。ぶつかり合いがあり、ハブきがあり、無視があった。幾度となく友人たちとぶつかり合いながら、大人になってきた。今になり、気の置けない友達というとやっぱりそのころの友達であると感じるが、当時はそれなりにストレスフルだったのだろう。核心について話をすることはなかったと思うが、話をするという行為が私にとってのケアの方法だったので、私はよく台所で夕飯したくをする母の横で母に話しかけていた。そんなことのあれやこれやを思い出しながら、「ぶつかりながら境界を作ってきて、ぶつかりながら、境界のところで対話する方法を身に着けてきた」というフレーズがポンと頭をかすめる。

「ぶつかりを避けたところに、対話は生まれるのか」

対等に話をすること。これは福祉の中で重要なことの一つである。そして、多くの支援者が「対等に話をしている」と思っているが果たしてそうなのだろうか。昔のように、指示的な物言いや説教めいた物言いをする支援者は今は絶滅危惧種である。もし、読んでいる方の中に、そういった物言いをする人がいるのであれば、自分は絶滅危惧種であることを自覚したほうが良い。大事にされるべき種としての自覚ではなく、いつ淘汰されてもおかしくないという自覚を。多くの支援者が、利用者の主体性の尊重、利用者との対等な関係性という理念をベースに、実に丁寧に利用者に話しかけるようになってきている。それ自体はとても良い兆候であると思う。丁寧に話しかけるということは、対等以前の問題だからだ。しかし、それはすなわち対等な会話であったり、対話であったりというものとイコールではないのかもしれない、と最近よく思う。

「言いたいことを言わない」「そっと離脱する」「オブラートに包む」それが、デフォルトのスマートなコミュニケーションとやらになっていないだろうか。私たちは、当たり前だがそれぞれ個体ごとに小さな差異をもつ。肌質が似ていて基礎化粧品をシェアできる友達でも髪質が違うのでシャンプーもシェアできるとは限らない、というのは当たり前のことだ。小さな差異は、状況によっては、そして関係性によっては、十分に大きなコンフリクトとなる。そのコンフリクトを、どうやって解消するのか、というと、大きく三つに分けられるだろう。コンフリクトについて話し合うか、どちらかが我慢するか、コンフリクトを発生させるシチュエーションを作らないかの三択である。

否応なしに音を拾ってしまう私がかつて拾ってしまった会話にこんなものがあった。

「うちの上司、マジ昭和な頭なんだよね。上から目線半端ないし。大体上司って言ったって、別に人としてえらいというわけでもないんだからさ、役割が違うだけ。あの人は、俺たちを気持ちよく働かせるためのマネジメントをするのが仕事なのに、上から目線ってヤバイ、無能って感じだわ」

昭和と令和のコンフリクトがある。それは確かにある。抑圧されていると感じている令和世代（生まれは平成だと思うが）は、「対抗言説」を生み出す。しかし、どうしてもツッコミをいれたくなってしまう。「お前も相当上から目線だけどな」と。

対等というのは本当に難しい。コンフリクトが生じたとき、どちらかがどちらかを抑圧するというのは一番簡単な構造だ。喧嘩の強さというパワーバランスの背景のもと、のび太がジャイアンの言うことを聞くように、先生と生徒というパワーバランス、親と子というパワーバランス、先輩と後輩というパワーバランス、コンフリクトがどの文脈にあるかで、誰の意見が通りやすいかということが決まってしまう。そこに対等さはない。そこに反旗を翻すのが、例えば反抗期であったりするのだろう。一見対話が進んでいるようなこの社会は、実はさほど対話的ではないのではないか、というのが最近私が感じているところである。

「対話」している風のそれは、実は「対話」ではなく、「なんとなくその気にさせる」であったり、「優しく洗脳する」「SNSを通じて世論を味方につけて圧をかける」であったりして、実は対話になっていないのではないか。そんなことを考え始めた私は、ある時大学の頃に抱いていた閉塞感を思い出した。イメージの世界ではあるが、昔の大学生はもっと熱く議論していたし、私はそういうことに憧れて大学に入った。しかし、熱く議論をするような人は私の周りにはいなかった。「いい子でいること」と「空気を読むこと」「場にふさわしくあること」が重視される社会を痛感し、「本音」を隠したまま、または誰かの本音を見て見ぬふりをしながら、周囲とうまくやり続けることが至極大切な命題であることを感じ、鬱々とした気分になった。幼少期、さんざんいやな思いもしたが、ちょっとした事で喧嘩をしたり、口をきかなくなったりして、その後仲直りをして、というプロセスの中で育まれた人間関係が、私はずっと恋しかった。先述の榎本博明の言うところの人を傷つけない、自分も傷つかない自閉的なコミュニケーションは人と大きくぶつかることもないが、満たされる感じもない。もちろん、今は違う。厳しい時代を生き、結婚し、子どもを育てる中で、「本音」を隠してなどいられない場面が多々できてくるうちに、本音を伝えることにためらいが減っていった。今は立場上、本音ばかりだと、ともすると「ハラスメント」となりうるので一応気を付けてはいるのだが。

中島義道はその著書のなかで、対話の基本原理について述べている。その中のいくつかを紹介したい。ちなみにこの本の出版は一九九七年であり、私が大学に進学したのが一九九八年のことだから、まさに氏が違和感を覚えた時代に渦中にいたことになる。氏がいう対話の基本原理とは、次のようなものである

（一）あくまでも一対一の関係であること。

（二）人間関係が完全に対等であること。〈対話〉が言葉意外の事柄（例えば脅迫や身分の差など）によって縛られないこと。

（三）「右翼」だからとか「犯罪人」だからとか、相手に一定のレッテルを貼る態度をやめること。相手をただの個人として見ること。

（四）相手の語る言葉の背後ではなく、語る言葉そのものを問題にすること。

（五）自分の人生の実感や体験を消去してではなく、むしろそれらを引きずって語り、聞き、判断すること

（六）いかなる相手の質問も疑問も禁じてはならないこと

（七）いかなる相手の質問に対しても答えようと努力すること

（八）相手との対立を見ないようにする、あるいは避けようとする態度を捨て、むしろ相手との対立を積極的に見つけてゆこうとすること。

（九）相手と見解が同じか違うかという二分法を避け、相手との些細な「違い」を大切にし、それを「発展」させること。

（一〇）社会通念や常識に納まることを避け、つねに新しい了解へと向かってゆくこと。

（一一）自分や相手の意見が途中で変わる可能性に対して、つねに開かれてあること。

（十二）それぞれの〈対話〉は独立であり、以前の〈対話〉でコンナことを言っていたから私とは同じ意見のはずだ、あるいは違う意見のはずだというような先入観を棄てること[24]

さらに中島氏はこう続ける。

〈対話〉とは、――科学的議論のように――個人がみずからの人生を消去して語ることではなく、むしろ人生をまるごと背負って語ることなのである。[25]

これはなかなか痺れるフレーズだ。うるさいのを嫌う中島は、「闘う哲学者と「うるさい日本の街」の三〇年戦争」というタイトルの記事の中で、駅員に抗議し、竿竹屋に五〇〇〇円払ってむこうにいってもらったり、選挙カーに怒鳴って車の前に寝転んだり、ということをしてきているようである[26]。私はこれを見て、とても面白いと感じた。対応してきた方々は非常に大変だったことは察するが。

子どもの声は騒音か、という文脈で考えてみよう[27]。子どもがうるさいのは仕方がないが、うるさいのを嫌う人がいるのもまた仕方のないことである。子どもはうるさくしても良い。でも、それをいやだなと感じ、そのように表明する人がいても良い。どちらの声もあって、初めて対等な会話のベースが出来上がる。私が歪だなと感じるのは、子どもの権利を主張するがあまり、子どもの声をうるさいと思う人がまるで「うるさいと思ってはいけない」と感じることだ。それは全然対話的ではない。「子育てに理解を」という文脈のなかで発生している同調圧力に従っているだけだ。結局のところ、対話ではなく、「譲歩」や「我慢」を相手に強いる。それも「なんとなく」強いるというだけであって、これでは権力が反転しただけに過ぎない。子どもは公園でギャーギャー遊べばいい。家の前の行き止まりの道路で遊ぶのも、子どももあるあるだ。私だって、幼少期は公道に軽石やチョークでドラえもんを書いたり、ケンケンパのための円を書いて育ってきている。そして、行き止まりの道路ほど楽しい遊び場はない。一方で、具合が悪い人が、夜勤明けの人が、音が苦手な人が「静かにしなさい」「ここで遊んじゃダメよ」と主張することもまた、肯定されて良い。それがあって初めて子どもは、他者の存在を知るのだ。そして学ぶ。しかし、現在は、「静かにしなさい」という人が現れると、すぐにSNSで拡散されてしまう。「子どもが遊べる場がなくなってしまう」「不寛容だ」「自分も子どもだったことを忘れたのか」と炎上する事態になる。これはなかなかしんどい。不快だと感じることを不快だと表明する権利は、同じようにあるのではないか？　空気ばかり読んで肝心な「気持ちの交流」や「意見の交換」がなされず、遠回しになんとなく、自分で手を下す事なく、相手を丸め込むという手段がとられる。緘口令を敷かれた訳でもないのに、なんとなく異議申し立てをしにくい状況が発生している。見た目上のぶつかり合いがあるわけではないから、一見「対話的」に見えるが、そうではない。

同じようなことが支援の中でも起こっている。結論は初めから決まっている。「片付けをする」「就職をする」「学校に行く」そういう目標を、敢えてかかげずに衝突を避けながら、なんとかそちらにむけていく。その手段は、衝突しないという点では対話と似たような雰囲気であり、一見対話的に見える。

「うんうん。わかるよ。大変でしたよね。お仕事しろって言われても困っちゃいますよね」

「つかれきってなかなかハローワークに行こうっていう気持ちになれませんよね。わかりますわかります。どうでしょう。まずは、ハローワークではなくて、フリーペーパーを眺めるところから始めませんか？」

こんな具合だ。そこに、クライアントが持っているかもしれない「絶対に働きたくない」というクレームの申し立てができる余地はあるだろうか（実際はクライアントもあの手この手で抵抗はするが）。

　また、親子関係にも似たような兆しがある。あからさまに権力で親に押さえつけられてきた世代は、わが子に同じ思いをさせまいとなる。殴るというのはもちろんのこと、頭ごなしに叱らずに理由を聞く、等の子育てが一般的になったし、私自身もそう育ててきた。それはとても大事なことだ。一方で、理解があるように見える親であるほど、子どもは「異議申し立て」の契機を失ってしまう。例えば、昔の親は、子どもが学校に行き渋っても、問答無用に学校に引きずっていったが、今はそういうかかわりをしない。代わりに、「どうやったら学校に行けるか一緒に考えてみよう」とか、「学校に行かなくてもいいよ。代わりになるものはあるんだから」と優しく言う。この言葉自体は全く悪くない。例えば、「学校に行かなくてもいいよ。学校に行けなかった人でも、将来立派にやっている人はたくさんいるんだから」と言えば、「立派にはなって欲しい」ということが伝わってしまう。立派までいかなくても、「普通に」暮らしていてほしいということが念頭に置かれていると、子どもはしんどい。しかも優しいだけに、文句をつけにくい。息子の個人情報は息子のものであるので、細かなエピソードは紹介しないが、これもまた、私が息子から教わったことである。私の中に初めから答えがあるものを、子どもは見抜く。取り繕っても恐ろしいほどの感度で見抜く。その欺瞞をつかれたときには、足元がグラグラする思いがした。私の中にある前提や結論、そこから一歩もでようとしないで、また、内省さえしないで、対話などできるものか、とひどく反省した。「答えを初めから持って優しい言葉で迫ること」は洗脳のようでもあり、詐欺のようでもあり、いずれにせよ、相手の首を真綿でギリギリと締めるような行為でもあるのだ。

対話が大事と言われているが教育だって決して対話的ではない。息子が小学一年生の時、道徳の授業で「にじいろの魚」[28]を扱った。ちなみに幼稚園のお遊戯会でも「にじいろの魚」をやり、息子は物知りタコさんの役だった。今考えると、教材のトレンドだったのかもしれない。そして、わたしは未だに、「対話や議論の素材」として有用なお話だと思っている。道徳の授業では、先生が絵本を読み上げ、最後に、「分け合うことの大切さ」を説いた。あらすじはこうだ。虹色の鱗を持つ綺麗な魚がいた。綺麗なので海のみんながそれを欲しがり、一枚ちょうだいと虹色の魚に言う。虹色の魚は拒否する。そうするとみんなが遊んでくれなくなった。寂しくなった虹色の魚は物知りタコさんのところに相談にいく。物知りタコさんは、「分けてあげなさい」と諭し、言う通りに分けてあげたところ、みんな喜び仲良しになり、海の中はキラキラと輝きました、という流れだ。本当はこれはもっと大きくなってから扱っても良いと思う。とても意地悪なわたしは、当時の先生に、「先生、先生のネックレス、綺麗だからわたしにくださいな」と言ってみようかと思った。実に意地悪であるが、実際は言わなかったことに免じて許してもらいたい。でも、これはそういう話でもあるのだ。もう少し嫌な読み方をしてみよう。

虹色の魚は生まれながらにいいものを持っていた。みんなが羨ましがってたかりにきたので、拒否をしたらハブられた。物知りとかいうやつに相談したら、君が折れるしかないよ、というから、仕方なく分けた。つまり、みぐるみ剥がされた。海の中はキラキラしかもしれないけど、俺は丸裸になった。見ようによってはとんでもない話である。持つものと持たざるもの、そして何が良いものであるか、そしてそれは社会として分配を義務付けられるものなのか。本当は、そういった視点からそれぞれが思ったことを言うのが「道徳的」であると思うのだが、みんなが欲しがるものはみんなで分けるという、本音とは違う「正解」を暗記する。もちろん、差別同様、行動まで変容するわけではなく、本音は水面下に潜るだけである。確かに、私たちが子どもの頃の道徳もこんな感じだった。対話以前に自由な意見を言う場を保障されていない感じだ。これは「おりこうさん脳」[29]ばかり育てる教育の結果なのかもしれないと、最近感じ始めている。

■注

1　鷲田清一（2011）『誰のための仕事か』講談社：129

2　バブル崩壊以降、新宿駅西口から都庁に向かう地下通路には、大勢のホームレスが段ボールで生活していた。一九九四年に東京都建設局に段ボールハウスが撤去されたのち、複数回にわたり強制排除が行われている。特に、現在は動く歩道も設置され、西口から都庁に向かう地下通路には定住ホームレスの姿は見えない。それよりも、西口と東口をつなぐ地下通路や、新大久保方面の高架下などで寝泊まりするホームレスをよく見かける。

3　堅田香織里（2021）『生きるためのフェミニズム――パンとバラと反資本主義』タバブックス：106

4　ちょうどこの文章を書いているとき、二つの誘いがあった。一つは仕事関係。もう一つは息子がらみで。どちらも、過去、私がこの人たちとの関係において、何か「得になる」いうものではないものの、時間を費やした、という事に起因している。恐らく、タイパ重視の感覚からすると、バッサリ切り捨てられるようなつながりだ。もちろん、五年後一〇年後である今への影響を考えて関係性を維持していたという打算もなかった。打算なく、一見無駄なようなことをやった結果、新たな無駄が発生しているわけだが（笑）、そういう人とのつながりであるとか、息子の成長を見守ってくれている人たちの存在というのは、面白く、豊かな関係性であると感じるし、幸福感の源でもある。

5　堅田香織里（2018）「フェミニズムとベーシックインカム――「ゆる・ふぇみカフェ」の実践から」『エノ・シュミット、山森亮、堅田香緒里、山口純『お金のために働く必要がなくなったら、何をしますか?』光文社新書

6　藤原新也（1990）『新版　東京漂流』新潮社：56

7　藤原（1990）：61

8　落合俊也（2020）「環境と健康、そして幸福」落合俊也『すべては森から』建築資料研究所

9　藤原（1990）：231

10　実際に、コロナ禍では、リモートワークがものすごく「上げ」られた。リモートワークを導入しな

い会社は馬鹿みたいな風潮さえあったが、結局のところコロナ明け以降は、多くがオフィス回帰している。ただし、いざという時の選択肢が増えたことはよかったとは思う。結局のところ、リモートで切り出される仕事は限られているということや、リモートで切り出せない部分を誰かが過剰に背負ってしまうこと、また人材育成や管理がしにくいこと、対面であることの付加価値などから、リモート主流とはならなかったということなのだろう。

11

大きな台風が来た年、ホームレスを避難所に入れないという問題が発生した。いろいろな論点があると思う。わたし自身、まだこの問題に向き合えずにいる。綺麗事はいくらでも言える。しかし、自分の隣ににおいの強いホームレスの避難者がきた時、かつて警察犬というあだ名をつけられたことがあるくらい鼻の良いわたしの健康状態が精神的な我慢のレベルで維持できるのかどうかは不明である。このように、他者の「快適さ」（それも最低限の快適さ）に抵触する場合がある。公衆衛生という問題（伝染病や南京虫などの問題）もあり、不特定多数との権利の拮抗が生じる場合がある。では、どうしたら良いのか、と考えた時、真っ先に考えるのが「棲み分け」であり、専用のお部屋があればいいんじゃない?と浮かぶ。実際に、第六章に載せたモノローグで、そう言ったことを呟いている。しかし、数年過ぎた今、それ福祉をやる人間としてどうなのよ、とも思う。しかも、「専用のお部屋」を使うべき人は、ホームレスの側（異質性や特殊性）ということをごく自然な形で前提としている。それでいいのか？　それは、臭いからこっちに来ないで、というのと何が違うか？

自ら気にして離れたところにいたいという人はいるだろう。しかしそれとて消極的な選択であるかもしれない。一方で、小さな子どもや身体の弱った高齢者がたくさんいる中で、南京虫が歩き回ることが良いとも思えない。ホームレスだからって南京虫がいると思うのは偏見だと言われるかもしれないが、困窮領域で仕事をしていると、格段に南京虫との遭遇率が高い。こういった直接の「拮抗」を想定していくつも検討を重ねていくしか、差別のない社会は実現しないように思う。「ホームレスだからって入れないなんてけしからん」と叫ぶだけでは、対立しか生まれない。

12 個別化の原則、意図的な感情表現の原則、統制された情緒関与の原則、受容の原則、非審判的態度の原則、自己決定の原則、秘密保持の原則の七つである。F・P・バイスティック 尾崎新・福田俊子・原田和幸訳（1957＝2006）『ケースワークの原則』（新版）誠信書房。

社会福祉士の資格取得時に必ず覚えるこの原則は、支援者のなかでは幅広く知られるものであるが、その実践は非常に難しい。正直なところ、この七つの原則を厳密かつ真摯に実行できればそれで充分に良い支援になると思われる。

13 竹端寛（2023）『ケアしケアされ、生きていく』ちくまプリマー新書

14 宮台真司（1997）『まぼろしの郊外』朝日新聞社

15 中島義道（2021）『差別感情の哲学』講談社学術文庫：168

16 中島義道（2021）：27

17 私の活動圏域に、市場がある。ふと思う。市場の人たちは、朝都心に向かうサラリーマンたちと同じようなモヤモヤを抱えているようには見えない（もちろんいろいろな意味でしんどさはあるとは思うが）。料理人も、その矜持みたいなものを持って料理を振る舞っているような印象である。やはりエンドユーザーが見えやすい仕事はそれだけで、充足足りえる要素があるようにも思う。

18 山本譲司（2006）『累犯障害者』新潮社

19 一九九六年に発生した神戸連続児童殺傷事件では、事件を起こした少年Aが犯行声明の中で「透明

な存在であるボクを造り出した義務教育と、義務教育を生み出した社会への復讐も忘れてはいけない」という言葉を用いている。また、二〇〇八年に発生した秋葉原通り魔事件では、様々な原因が分析されており、被告自身が反論していたりもするが、私には親からの教育虐待や学歴に対するコンプレックス、本人の思考や行動の様式に加え、非正規労働者であることや、ネット掲示板でのトラブルなどの環境要因や最終的なトリガーを経て事件に至ったように見えている。様々な要因が絡まりあって、周縁に向かったように見える彼は、自分のことを「負け組」と表現している。その周縁を支える仮想空間であるネット掲示板でのトラブルが、彼の「実存」証明への衝動だったように思う。また、二〇一五年に発生した川崎市中一男子生徒殺害事件については、私自身は割としつこくルポを読み続けた。石井光太氏の書く『43回の殺意――川崎中1男子生徒殺害事件の深層』（新潮社）、では、加害者側の（過酷な）生活が丁寧に描かれている。私は加害者側も被害者も不可視化された存在であったと考えている。

20 宮台真司（1997）: 130

21 榎本博明（2016）『「やさしさ」過剰社会――人を傷つけてはいけないのか』ＰＨＰ研究所 : 101。同著の中では、「本音」を言えないことでストレスを溜め込んでしまったり、対人関係に物足りなさを覚える人がとても多いこと記されている。

22 デヴィッド・グレーバー　酒井隆史・芳賀達彦・森田和樹訳（2018）『ブルシット・ジョブ――クソどうでもいい仕事の理論』岩波書店で、この世の仕事のうち半分以上は無意味な仕事である旨を指摘する。

23 中島義道（2021）『差別感情の哲学』講談社学術文庫 : 25

24　中島義道（1997）『〈対話〉のない社会――思いやりと優しさが圧殺するもの』ＰＨＰ研究所：133-134

25　中島（1997）：134

26　中島義道（二〇一七年九月五日配信）「闘う哲学者と「うるさい日本の街」の30年戦争――善良な市民は社会公認の悩みしかわからない」東洋経済オンライン

27　中島は、子どもの声がうるさいと言っている訳ではないことは付記しておく。氏は子どもの声ではなく、子どもに向かってメガホンで叫ぶ保育士や教師をうるさいと言っておられる。

28　マーカス・フィスター　谷川俊太郎訳（1997）『にじいろのさかな』講談社

29　成田奈緒子（2023）『「発達障害」と間違われる子どもたち』青春出版社、の中で使われている言葉である。「発達障害」の診断がつく子どもが急増した背景には、「食べる・動く・寝る」をつかさどる「からだ脳」が育たないまま「おりこうさん脳」が重視されるようになっていることを指摘している。

第三章　支援について語る

1　支援活動のフィールド

私は、朝起きてから今に至るまで非常に多くの能力を使っている。生きるということだけでも、大変なことである。ましてや学校に行ったり、会社に行ったり、「普通」とされることを維持していくというのは、多くの能力が必要になる。私たちはそれらの能力を行使し、マネジメントして、社会資源につながり続けることで安定した社会生活を維持している。試しに、私の一日の中で私がどのように能力を行使しているかを差し支えのない範囲で書いてみようと思う。

五時半：目覚まし時計とアイフォンのアラームスヌーズの三回目＋猫のにゃああん、で起床

（音を聞く能力。音を聞き、音の意味を理解する能力。それ以前に、目覚まし時計をセットしておくという準備能力、アイフォンの操作能力、起き上がる能力、目覚まし時計を止めるための能力）

五時三二分：猫給餌。犬給餌準備（猫の餌の保管場所を記憶し想起する能力、歩く能力、階段を降りる能力、パウチをつかむ能力、階段を上がる能力、パウチを開ける方法を理解す

る能力、開ける能力、開かないときに代替手段を考える能力、犬の食の好みを把握する能力、冷凍庫にささみのストックを作っておくという準備能力とそれを想起する能力、冷凍庫の引き出しを開ける能力、電子レンジを使う能力、冷まさないと火傷をするということを理解し、実行する能力、小さくちぎる能力）

書き始めたものの、このまま一日を書くと膨大な量になるし、特に私の生活になんの需要もないと思うので、ここまでにとどめるが、たった五分程度の間、定刻通りに起きて犬と猫に餌をあげるというそれだけの作業のために、無数の能力を使っている。それも、時間をまたぐ形で能力を使っている。ささみのストックを作っておかなければ朝っぱらから茹でたりレンチンをしたりしなければならない。もっと言えばささみを買っておかなければならないし、それを腐らせないように管理をしていなければならない。ささみを買うためには、ささみを買うためのお金を稼いでおかなければならない。こんな風に、私たちは、時を越えて、能力を連ねて生活しているし、それを支えるのは三日後を想像する能力で、三日後の自分の心身の状態と残存能力を推測しながら、「ここまでやっておけば良いライン」を想定して、時間がある時にやっておく。これはマネジメントの力だ。

五時四〇分：カリカリの上にトッピングのささみがくるとわかり、興奮した犬がくるくる回り出す。カリカリだけが入った餌皿を薙ぎ倒し、ぶちまける。落ち着かせて、拾い集め、注意し、再度セッティングし直す（感情を抑制する能力、イレギュラーで固まらない能力、イレギュラーから修正を加えていく能力、時間をマネジメントする能力）

こんなことは、日常的にある。惨劇が能力を超過すると、処理しきれずにフリーズする。例えば、犬がえさをひっくり返したその後ろで、猫がお椀をひっくり返して、それで仕事に着ていく服が汚れ、にゃーにゃーわんわん騒がれ、ムカデでも目の前を横切ろうものなら、処理能力を超過してフリーズする。簡単な表現をすると「大パニック」である。何から手をつけて良いかわからなくなる。子どもが小さかったころはそこに子どもの要求が追加されるのでフリーズ度は高まる（ちなみに、そんな朝を繰り返すことで鍛えられ、ちょっとやそっとじゃフリーズしなくなるまでにはなった）。こなすべきタスクが多かったり複雑だったり、同時多発的に発生すると、一時的に高度な情報処理能力と、問題解決能力と段取り力を要求される。

そして、能力低下はいつでも起こりうる。季節の変わり目、体調がすぐれなければ、「もおおおお。何やってんの‼」と怒るかもしれない。時間のマネジメントができなければ、仕事に遅刻してしまうかもしれない。X（旧ツイッター）で、遅刻欠勤せずに出勤している能力は貴重なのだからもっと評価されるべきだという書き込みがあって小さく炎上していた。管理者の立場だと「ふざけんな」だが、現実問題としては確かに日常をつつがなく遂行する能力というのは当たり前のものではない。ただし、そこに評価（というか金）をつけられるかどうかは別の話だが。多くの人は、ある程度の慣れと成長により、その能力を獲得する。八時半に学校ね、というと、八時半に家を出る子どもは、比較的多い。それでは目的が達成されないということを何度か経験し、場合によっては嫌がられたり叱られたりしながら、八時半に学校に行くためには一〇分前に家をでないといけないということを学ぶ。是非はともかく、学校という場はその標準能力をある程度まで形成することには長けたしくみであると思う。

しかし、人間にはみなその能力が同等に備わっている訳ではない。私は、イレギュラーに対応し、イレギュラー発生前に想定していた状態とほぼ変わらない状態に持っていく能力は長けていると思うが、時間のマネジメントはいまひとつ苦手なので、意識的でなければ、始めるべきではないタイミングでアプリゲームに手を出してしまい、「やっべえ、もうこんな時間」となり、バタバタと出勤し、結果忘れ物をしたりしやすい。感情コントロールが苦手な人は、犬がえさをひっくり返した時点で爆ギレし、怒りに支配される時間を過ごすのだろう。こんな具合に、生まれ持っての得手不得手がある。そして、得手不得手を超え、どう頑張ってもできず、かつ支障が出る状態が固定していることがある。それがいわゆる「障害」と呼ばれる状態だ。八時半に学校ね、となっても、八時半に家をでてしまい、それが繰り返されても一向に行動に変容が見られない場合、そもそも時間の概念を理解できない場合、等である。それが「社会的に支障が出る」ほどの場合、「障害」という診断が下される。

そして、病気や怪我などがもたらすできなさ、がある。一時的なもの、例えばインフルエンザだとか、食中毒だとか、骨折だとかぎっくり腰だとか。ぎっくり腰だとまず起き上がるだけで、えらい時間がかかる。インフルエンザで朦朧としているときに、段取りを立てるとろくなことにならない（昨年似たような状況でダブルブッキングをした）。食中毒のときは、トイレから出られない。骨折している時も、行動はスローになる。この時、私たちは、通常はまず日常の阻害要因になっているものの除去に取り組む（薬を飲む、湿布をはるなど。ちなみに私はよほどでなければ除去に取り組まない）。代替の手段を使って日常生活を維持するか（脚の骨の代わりとなる松葉杖、家族など）、日常生活維持を断念し、「スミマセン……生焼けの焼き鳥で食中毒になりましたので、お休みをください」と言って早期の機能回復と能力回復に注力する。持てる力の多くを、ウイルスや菌との闘いに注ぎ、免疫力と回復力の下支えとなる「寝る」「安静にしている」を実行する。こうして、具合悪いときには、「社会生活を遂行するために必要な能力を欠いた状態」の中で、我々は色々と足掻く。これが固定化し、それ以上回復しないと医学的に認められれた場合、障害の認定がくだる。障害者手帳の取得の要件に症状固定があるのはそういうことだ。他にも「認知症」や「うつ病」など、日常生活をスムーズに遂行できなくなるような病気もある。

また、忘れてはいけないのが、疲れやストレスでも、スムーズな能力遂行が出来なくなるということや、問題が複数発生している場合なども、病気や障害にかかわらず、能力は低下するということだ。これらの状況に介入するのが、支援の仕事だ。人間が困るのは、自力で社会資源に到達できないときだ。私は、究極的には食料という社会資源を獲得する方法として、食料と交換可能な貨幣を得るために、自らの「力」を「職場」という社会資源で貨幣と交換する。力の大きさや量、質によって、貨幣の価値がつけられていて、食料を確保するのに十分な貨幣を獲得できるような社会資源を選択し、面接という名の値踏みを通過して、労働力と貨幣の交換の契約書にサインをしている。もし私に交換可能な力がなければ、無職ということになる。目に見えないものを売っているので、おそらく手足が動かなくなってもなんとかはなるだろう。しかし、認知症を発症した場合はおそらく組織が必要としている交換可能な力を提供できなくなり、無職となる。そうならないように、健康に気を使い、犬や猫で癒され、趣味の時間をもちながらも、毎日定刻通りに起床する。このことが当たり前ではないことを、私たちはもっと意識したほうが良い。今の世で生きている、生きていくということ自体が、「魂の売却」みたいな側面を含んでいるので、生きて社会生活をしているだけで結構偉いな、と思う。

私が氷河期世代の人間であることは、先に述べたが、ここ最近氷河期世代の記事を目にするたびに、氷河期世代の反応がほかの世代の反応と大きく分かれることに気づいた。記事への反応は大きく二つに分かれる。「俺は勝ってきた。努力次第だ」とする反応。もう一つは、「周りがバタバタと倒れていった。私もいつそうなったかわからない」とする反応。他の世代の反応はおおむね前者だ。興味深いのが、氷河期世代には「いかに運に左右されているか」ということを実感している人がそれなりにいることだ。崩れる地面を懸命に走って、すぐ後ろを走る同志が地面に飲み込まれてゆく気配を感じながらひた走る、そんな悲哀がある。頭の中でシュミレーションしているだけなら、最適なルートをベストコンディションで走る自分をイメージするし、なんなら自分の足の速さなど気にせずに走れる想定だし、躓いて転ぶことなど想定しない。瓦礫で足から血が出ていても、アクション映画並みの身のこなしで逃げ延びる。でも、実際に地面が崩れる中を恐怖にまみれて走り抜けた人たちは、瓦礫を踏まなかったことがたまたまであることを知っているし、靴を履いていたのもたまたまであることを知っている。

社会生活を安定して送るための絶対条件は、「社会資源が十分にあること」なのだ。そこはそれこそ運の世界である。だからこそ、我々の仕事は肯定される。現に、我々の世代で食いっぱぐれている人の能力が、突出して、それこそ、「死んでも仕方ないね」と言われるほど低い能力なのか（二次障害として低くなっていることはあるかもしれないが）と言われると、そうではないだろう。だから、国、というか公が介入するのだ。少なくとも日本国においては、生存権が保障されているのだから。

生存権の保障という理念が、日本国にある以上、その手段を講じることもまた、日本国の責務となる。市場でなんとかなるのであれば、そもそも生存権の保障という概念が不要であるが、市場は浮き沈みがある。だからまず一義的には、市場を安定させ、社会資源を増大させるための経済政策がある（もちろん、目的はそれだけではないだろうが、経済という言葉はそもそもは経世「済民」（人民を苦しみから救うことの略）なのだから）。しかし、経済政策では如何ともし難い場合がある。つまり、経済が振るわない場合、体が動かない場合、頭が動かない場合、子ども、などなどである。そこで、リスクごとに年金制度であったり、失業保険であったり、という制度が用意されている。福祉はそこを活動のフィールドとしているし、仕事として福祉をやるというのは、そういった領域で活動することを指す。市場で賄えない部分なので、原資は多くが税金となる。株式会社にお勤めの支援者もいるが、これは二〇〇〇年の社会福祉法改正に伴って構築された「擬似市場」の枠組みの中での活動になるので、純然たる市場活動というわけではない。赤字になっては事業存続はできないし、設備の交換やシステム開発、人材確保のためにかかる費用などを考えると、全く利益がでないやり方をする訳にはいかないが、「利益の追求」をミッションとはしない。では、現に利益の追求をしている組織がないかといえば、そうではない。一部の組織が、「補助金ビジネス」などと言われるのはそういう理由だ。

利益の追求をミッションとすると、究極的には人権費率を最小化し、回転をよくすること、手間ひまのかかる利用者を受け入れないこと、などのスタンスになる。また、集客率の低い過疎地で事業を行うことはしなくなる。もちろん、徹底した利益追求を極限までやることは、「労働者の人権」に照らして、今は株式会社でも禁じられているのだが。だから労働基準法を作って、人を働かせてよい時間に制限をかけているのだ。こういった制約をかけなければ、労働者は奴隷となってしまう。以前は炭鉱で子どもが働いていた。それはからだが小さくて、細い穴の中もいけるからという理由だ。効率や利益のみを追求すると、こういった「非人道的なこと」がまかり通ってしまう。福祉はさらに、対人であること、生命に直結すること、健康で最低限度の生活が全国どこにいてもできるということを目的としているので、国による規制はさらに多い。儲けようと思ったら、ワンルームに、要保護者を一〇人ほど入れてしまえば良い。一人三万円ほどの住居費・住民票設定代を保護費から出してもらえば良い。そして、その中の一人をリーダーとして一万円ほどを渡し、統治を命じて、三部屋に一人統括するためのマネジャーをおけば良い。そうすると三部屋の稼働で、月九〇万円が収入として入り、三人のリーダーに渡すお金の三万円、マネージャーの人件費、光熱費、家賃を差し引いても結構な利益が出る。なんなら、体の小さな人ばかり入れて、一二人いけるのではないか、光熱費の削減のために、お風呂は三日に一回のルールを作れば良いのではないか、など、どこまでも鬼畜なことを想定できる。貧困ビジネスと呼ばれる形態の施設が批判されるのは、そこに「人権」の概念がない（もしくは薄い）からである。だから、条例ができ、規制がかかった。こういう具合に、国は最低限度の文化的生活の維持のために、純然たる市場の形はとっていない。もちろん市場自体も、法律によりさまざまな制約はあるが、それよりも強い制約がかけられている。市場の論理で言えば、そういった施設は淘汰されていき、適正なものが残るはずであるが、その過程に死者を出してよいということではない。また、参入する業者が少なければ、現状に甘んじる他仕方なくなる。

非営利組織でも、別に効率化をしないわけではない。確かに、帳簿を手書きでつけるよりは、システムを導入した方がよい。自転車か車かを考えたとき、費用対効果を考えることも当たり前のことである。支援記録をかくのにスパコンはいらない。一方で、我々は「市場の原理からはみ出している領域」をフィールドとしているのだ。市場の原理には馴染まない人と向き合っていくのだ。市場の原理を持ち込むことへの直感的な違和感がある。じっくりと話を聞くこと、他人の涙に付き合うこと、病院に一緒に行くこと。どれもこれも、多くの人が自分のごく周囲の人との関係によって確保していて、市場原理の中で、効率よく「対処」している。それができない人たちがいる。先に述べたように、「できることが当たり前」ではない。おそらく、私が今ぎっくり腰になってしばらく仕事を休むことになったら、夫が車で病院に連れて行ってくれて、息子と夫が食事の支度をしてくれるだろう。そうして私は、食事にありつくことができる。ありがたいな、早く治さなきゃなと思ったりする。職場に電話をすると、「傷病手当どうします?」と聞いてくれて、申請する、と言えば手続きをしてくれるだろう。

もし、夫と息子が「無理しなくていいよ、俺はどっかで食べてくるから」というタイプだったら、私は食事にありつけず、ひもじい思いをしながら涙を流すこととなる。ブラック企業だったら、その場で首になるかもしれない。そんなときに、「腰が痛くて働けない」以上のものを背負うのだ。「孤立感や傷つき、排除感、不安感」だ。市場からはみだす人の多くが、そういった経験をしている。そういった感情の処理の方法は「お金で解決する」か「家族で解決するか」に収斂されていて、経済の仕組みそのものには内包されていない。私たちは、そこを引き受けるのだ。だから、「絶対に効率化してはいけない時間」がある。

私たちは社会資源を獲得しないことには生活できない。具体的には、食べ物と水と衣類と人という精神的な支えだ。何が基本的なニーズかということについて、色々な研究者がニーズのリストというのを作っているが、ここではシンプルに、食べ物と水、衣類、人としておこう。今年の春に、羽根田治の遭難ルポをたくさん読んだ。彼は助かる助からないを分つものは運であるという気持ちの良い結論をもっているが、いずれにせよほぼ共通しているのが、その四つを持ち合わせている人は生き延びているということだ。たまたま小川が近くにあって、水にありつけたというのは確かに運といえば運なのだが。人間は遭難すると人の幻覚をみるらしい。食べ物と水と衣類があれば人は生きられるかというと、そうでもなさそうだな、ということで、人という要素を入れた。

自分の能力をマネジメントし、社会資源をプロデュースしながら、こういったことを私たちはやってのけている。もっと言えば、私たちは、自分の人生のプロデューサーなのだ。このプロデュースがなんらかの要因でうまくいかなくなることがあると、人は社会資源に到達できなくなる。そして、おかれた時代、おかれた社会によってプロデュースに求められる能力が如何程のものかが決まる。この先のことはわからないが、今の社会はプロデュースが難しい時代だと思う。まず絶対的に景気がよくない。そして、社会が複雑化していると感じるのだ。仕事をするためには携帯電話を持たねばならず、携帯電話にはさまざまな欲望を掻き立てる装置が組み込まれており、その欲望を活力に変換しながらも抑制するということが求められる。自宅にWi-Fiを設置する場合にも、一体どこと契約を結んでいて、だれがサービスを提供しているのかがよくわからない。代理店という存在が、その複雑さに拍車をかける。映えるスイーツを食べてみたいと思い、それを糧に仕事を頑張るという人もいるが、欲求に抑制ができないと先行して欲求をみたすために借金を作ってしまう人もいるだろう。

働き方にしても、知的労働や感情労働が増えている。頭が働かないと仕事にならない。そして、沸点の低い人も仕事にならない。感情をコントロールしながら、客前ではニコニコとすることが求められる。そういった複雑な社会で、自分の能力をマネジメントし、コントロールしながら切り売りし、人生をプロデュースしているのだ。

支援のフィールドは、そのプロデュースがなんらかの理由でうまくいかなくなり、「社会資源に到達することが独力で如何ともしがたくなっている状態」である。

2 力の使い方

困窮の文脈で社会的孤立の問題が指摘されるようになって久しいが、それもそのはずである。単純に援助してくれる人がいるかいないかという問題ではなく、インフォーマルな社会資源（親族、友達）があれば、社会資源に到達できる力となりうる。本当に些細なことでも、だ。例えば、去年の秋、とても嫌なことがあってうんざりしていた夜、お向かいに住んでいるおばちゃんから電話が来た。「とれたての大根があるの。息子くん、大根の葉っぱ好きでしょ」と。大根を手渡してくれる時に、「ママはいつも本当に頑張っているわね、偉いわね」と声をかけられた。仕事のことを話したりする相手ではないが、いつも労ってくれる。この一言がささくれだった心を温めた。おばちゃんに生活の面倒見てもらうわけではないし、仕事を代わってもらったり、手伝ってもらったりするわけではないのだが、その緩い関係性のなかに流れる、暖かい水脈のようなものが流れ込んだ時、心身が活性化する。ああ、豊かな生活をしているのだな、と実感する。こういった関係性があれば、どん詰まりまではいかないような気がしている。しかし、困窮の怖いところは、この関係性を自ら閉ざしてしまうような心境になっていくことである。もし、あの時私におばちゃんの善意さえ受け取れないほどの心の疲れがあったのなら、「大根うちにあるんで結構です」なんていう言葉を投げつけてしまっていたかもしれない。そこまで明確でなくても、ああ、すみません、ちょっとしばらく家を留守にするんで、とか嘘をつくかもしれない。そしてその先一週間、まるでこそ泥のように、自宅に帰り、電気もつけずに過ごすのかもしれない。こうやって自分のついた嘘で自分の行動をマイナスの方向に縛ってしまったりする。嘘をつく余裕さえなければ、電気を普通につけてしまい、嘘をついて大根の受け取りを拒否したことがばれてしまい、信頼を失う。そこまでいかなくても気まずい思いをする。相手がとてもよい人で、「何か事情があったのね」と思ってくれるかもしれないが、そのときにはもう、「自分の手を離れてしまいコントロールがきかない」状態なので、相手の性質にいろいろなものを委ねてしまう事になる。こういうことを繰り返して、人間関係が煩わしくなり、薄くなってくる。なんらかの理由で力を出せなくなった人、力を出すための力を注ぐ人が周りにいない人——「困って相談にくる人」の大半がそういった人たちだ。

困窮の現場だけではない。脚が一定期間動かない人、治る見込みのない人には、「障害」という認定がくだる。障害の医学モデル的な考え方によると、脚の機能の欠損（脚が動かない）が、能力低下（歩けない）をもたらし、社会的不利（働けない）をもたらす。このモデルは、その「できない」の帰属を本人に押し込めてしまうという点で批判に晒されてきた。そこに、環境因子などが加わる形で出来上がったのがＩＣＦモデルというものであるが、ＩＣＦモデルより前に発表されたものとして、欠損と社会的不利の二分法を用いて、問題であるのは、欠損が社会的不利益に繋がる構造であると主張した社会モデルがある。いずれにせよ「できない」という状態があるので、その間を埋めなければならない。医学モデルは自分でその力を補うことが志向される。後者は社会がその力を補うことを志向するモデルである。動かない脚には「本来」付与されている力が欠如しているので、その力を補う。車椅子（モノ）で補う。手の力が残存していれば、車椅子を漕ぐ手の力で、足の力をカバーでき、その人自身の中の力の移譲により、想定している「できる」状態になる。医学モデルは、この「自身で完結する力のコスト」を想定し、シンプルにリハビリという機能回復を目指す。

しかしどうだろう。手の力が残存していない人は、寝たきりの人は、移譲する力そのものがない。また、これが知的能力であったのならどうだろう。知的能力が一定よりも低い人は、「文字が読めない」だとか「計算が難しい」などの「できない」が発生する。これを、そもそも文字が読めなくてよい仕事に就くということで、「力」を使う必要性そのものを除去するやり方がある。労働は、自分の持つ力の切り売りであるから、「知的な力」を使わない分、「身体の力」を使うことを求められる。また、単純作業に対して並外れた集中「力」を持っている人もいるので、そういった人は、「知的な力」でもなく「身体的な力」でもなく、「集中して作業をこなす力」を切り売りしている。

今の社会においては、まず「求められる力」が変化し、さらに複雑化しているということが挙げられよう。逆に昔必須とされた力は「文明の賜物」が補っている。私たちのほとんどが日常生活で薪を割ることがない。火を起こすこともなければ、猪をとるためのワナを作るということもしない。魚は切り身になってスーパーに並んでいる。私たちは、みな力があるが、力がない[1]。生活保護の被保護者はしばしばバッシングの対象となることがある。仕事をしていない人も、だ。依存的だ、自分の力で生きろよ、と言われる。そんなことを思う人は、今日も誰かが作った服を着て生活しているわけで、綿を紡いで布にして成形する力は（ほとんどの人が）ない。自分は一人でやっている、依存していないと思うのは大間違いだ。いや、それは、自分の他の力を切り売りして得た貨幣で入手しているのだから、依存ではない、と言うのならば、そうかもしれない。しかし、その自分の「他の力」とやらの普遍性に対する保障など一つもないのだ。力がないように見えるその力とは、社会が想定した力にすぎない。そしてその「想定される力」を基本として社会は設計されているから、当然その想定した力を持たない人は困ってしまう。

最近は随分と変わったが、昔は役所の方から出向くということは稀だった。私が役所に非常勤として勤め始めた二〇一一年時でも、出向いての相談はほとんど実施されていなかった。しかし、それでは、相談に到達できない人がいる。だからアウトリーチという試みが注目されるようになった。アウトリーチは、ただ単に、「外に出向くこと」ではない。本人と相談という場の間にある距離を、多くの人は「自分の力」で埋められる。物理的な力である、足の力を使って役所までいく。言語で現状を訴えることができるという力を使って相談をする、こういったことを多くの人がやってのける。しかし、足を怪我してしまった、病気で身動きが取れない、うまく言葉を喋れない、という場合に、本人と相談の場との間を繋ぐ力がなくなってしまう。この力を誰が代替するのか？　という命題には、やはり社会モデル的な考え方が有効なのだと思う。本人に欠落した力を社会が補う、ということだ。だから私たちは、自分の足の力を使ってクライアントの家にいき、物理的な距離を埋める。私たちはそういった力を切り売りして仕事としている。

相談の現場で日々私たちがやるのは、自分の力を相手が必要な社会資源に到達するために必要で、かつ足りていない部分について代わりに提供すること、もしくは本人の力のポテンシャルを測り、ケアを通して力を最大化することである。情報提供は、ただ情報を提供するだけではない（それだけなら、ＡＩの方が精度が高い）。仕事を探したいという人の多くは、仕事を探したい以外の言語化されない困難があることが多い。仕事を探したいだけなら人材業を利用すれば良いし、ハローワークに行けば良い。そこにつながる力を持てない理由がある。携帯電話の滞納でサイトを使えない、身分証明書がなくてネットカフェにも行けない、対人恐怖があってハローワークに行けない、借金とりが家の前にいるので、怖くて外に出られない、とか、いろいろな困難さをまとっていることが多い。仕事が決まればそれら全ての困難がクリアになると考えて、「仕事を」と相談にくる人がとても多いのだ。まず、そのことに気づくことが必要である。仕事を探したい、という話が来て、「それだったら、ハローワークに行ってみてはいかがでしょう?」という回答は、確かに情報提供であるが、おそらく、今は iPhone やアレクサでも教えてくれる。私たちは、その人が来た時の様子や表情、使う言葉のチョイスなどの非言語情報から、複数の可能性を想定し、「本当は何に困っているのか」にたどり着くための質問を繰り返す（だがこれが権力になりうる）。そうして、ついに「実は仕事を探したいが、来週までに借金を返さないといけないので、今日明日には仕事につけて、かつ、来週には現金がもらえる仕事を探したいが、ハローワークにはそういった案件がなく、求人サイトを見ようにも、携帯が停められているので見られない、来週までにお金を得る方法を模索し、段取るには疲れすぎている」という「困りごと」が姿を現してくる。

私たちに求められる力は、まず、本人の表現する力を補完するところから始まる。逆に表現する力が十分あるのに、補完しようとすると、それは容易に「なんでそんなことまで話さないといけないの？　役所に別の手続きがあって来たらたまたま目に止まったから入っただけなのに」というクレームにつながる。ただし、私たちは、この「たまたま入っただけ」が本当にそうなのか、本当はそうではないのか、ということのカギ分けも求められるのだ。そういう意味では動物的な勘さえ、役に立つ。動物的な勘というのは、雰囲気であるとか、言葉の間合い、眼球の動き、頬の筋肉の緊張、指先の仕草、など細かい情報から練られた総合的な印象である。これを、冒頭の訪問のくだりで示したように、「ジロジロと見ない」ようにやってのけることが必要になる（つまり、やはりソーシャルワークのためには、観察、は避けて通れないということでもある）。そうして、本当にその人が必要としている力を見極めてそれに相応する形で、自分の力を提供する。本人が思っているように、お金さえ来週までに手に入れば、全ての問題がクリアになるのか、それでもなお困るのか。その場合はどこに、どれだけの力を注げば自走できるに至るのか。そこを弾き出す。

同行支援でありがちなのが、全てベタ付き、というスタイルである。もちろんそれが悪いとは言わない。介護認定をまだ受けていないが、かぎりなく身体的・認知的に危うい状態のおばあちゃんの同行は、ベタ付きの方がよい。それは、本人が自ら資源にたどり着くために必要な力が相当に落ちているからである。一方で、体は元気、地図も読める、けれどうまく相談できるかわからないという人の場合、ベタ付きはただの鬱陶しい存在だ。これは過剰に力を注いでいる例である。過剰な力の注ぎ方は、全体の業務を圧迫するという現実的な問題もさることながら、本人ができていることまでできなくさせるという状態が発生する。これが、支援者がよく使う「依存的になる」という現象である。しかし、本当に必要なことが、「依存」であることもあるので、そこがまた難しいところだ。

こんな難しいことを、果たしてＡＩはできるのだろうか。逆に、これを「簡単にやってのける人」の支援水準は、極度に単純化、汎化されたフローを使用しているという点で、ＡＩと同じ水準であり、いつでもＡＩに代替可能であるという皮肉も言えよう。極度に単純化した支援とは、どういうものだろうか。

よくある支援にこういうものがある。シュウゴさんは、二五歳の青年だ。ある時シュウゴさんは、有名な女優が自分をつけていると感じるようになった。シュウゴさんは、一般企業で営業の仕事をしていたが、電車のなかはもちろん、飲食店や自宅付近の公園、ついには取引先にも現れるようになった。初めは「有名な女優につけられるなんて」とやぶさかではなかったが、だんだん気味が悪くなってきた。三日連続で、彼女の姿を見た時、シュウゴさんはどうにも怖くなって警察に駆け込んだ。警察官は、「じゃあ、見回り多めにしておきますね」と言ってくれたが、それでも安心できない。こうしてシュウゴさんは、仕事を休み、自宅に引きこもるようになった。心配した上司がシュウゴさんの自宅を訪ねると、げっそりしたシュウゴさんが、部屋からふらふらと出てきた。窓枠という窓枠には目張りがあり、カーテンは閉めきった上で、さらにガムテープで隙間がないように、くっつけられていた。小さなテレビは、何かをぶつけたのか、テレビごと叩きつけたのか、無惨にひしゃげていた。上司は困惑しながら訳を尋ねると、有名な女優が自分の思考にまで入り込んできていると言う。ただならぬものを感じた上司は病院を勧めようと思ったがいかんせんどうしたらよいかわからない。自宅でも、良かれと思って子どものおむつをかえたら、「もう、手間が増えるから、あなたは手を出さないで」と妻に怒られてしまった。裏目にでることが多くて自信をもてない。困り果てた上司が見つけたのが、生活の困りごとの相談の窓口で、ここならばこの怯え切っている部下を傷つけずに勧めることができるだろう、と思い相談にいたった。しかし、本人は、家から一歩もでることができないといい、上司が代理で話を聞いてくることになった。今どき珍しい優しい上司である。

支援者として、すぐに思い浮かぶのが、「薬物の常習か統合失調症だ。すぐに、医療機関に繋げて、服薬して、状態が落ち着いたらデイケアに繋げて、手帳とって、年金とれれば年金とって……状態によってはリワーク挟んで復職も可能か」云々だろう。間違いではない。おおむねそういった筋書きの通りに進んで、生活は安定してくる。極めて単純化した支援は、この通りにことを進めようとする。

相談員：薬物をやったことがあるか、本人から聞いたことはありますか？

上司　：いやいや。あいつは、全然そういう感じじゃないですよ。悪い噂も一つもないですし、これまで様子がおかしいということはありませんでした。

相談員：そうですか。それでしたら、統合失調症という疾患の可能性が高いと思います。幻覚や妄想が出てしまうのが特徴です。通常投薬で状態は落ち着きますよ。未通院の精神的疾患の場合、保健所が管轄になりますので、そちらにご相談されてみてはいかがでしょう。

こうして、上司は、保健センターに相談に行く。

保健センターの相談員：典型的な統合失調症ですがご本人が病院に行くと言わなければ、こちらとしては動きようがありません。

どちらの相談員も正しいことを言っている。しかし、「本人が外にでられない」「(ほとんどの場合当たり前だが)上司に専門的な知識がない」などのさまざまな要因があり、本来ならば本人が不調を感じて通院を検討する力を発揮できない以上補う必要がある力を、誰かが代理でやらねばならない。家族でもない上司は、「優しい人」であるのは間違いないが、どこまで動いてくれるか、また、動けるかわからない。こうして、上司は、トボトボと元の相談場所に戻ってきた。前回の相談員はたまたまおらず、ベテラン相談員2が対応してくれた。

上司　：保健センターで、本人が病院に行くと言わなければ、動けないと言われてしまいました。そりゃそうですよね。このご時世、無理やり入院させたりもできませんし。コンプラばかりなのは、会社だけじゃないですもんね。

相談員2：そうでしたか。こちらも事前に保健センターに電話してみるとかできたのに、すみませんでした。お仕事だってお忙しいのに、シュウゴさんのことで何度もご足労いただいてしまって……。

上司　：いやいや。今は、面倒見よくないと、部下がついてきませんから……。ま、面倒見よくてもついてこないですし、こちらが思うほど、部下はなんとも思っちゃいないみたいですけどね。

相談員2：大変ですよね、上司の立場も。人材難の時代ですから、退職を出さないように気を使いますよね。シュウゴさんは、今回初めて無断欠勤なさったのでしょうか。

上司　：はい。普段はとても真面目なやつです。真面目すぎて、追い込むところがあります。能力はとても高くて、僕は彼に期待しているんですよ。負荷、かけすぎちゃったかなあ。まさかこんなことになるなんて。

相談員2：難しいですよね。どこまで出来るか見極めてるつもりでも、斜め上の反応してきたりしますものね。無断欠勤前に何かすごくストレスになるようなことはありましたか？

上司　：さあ……、彼が全力投球なのは、通常のことなので……。あっ、彼、野球観戦が好きで、新しくできた球場での試合を見に行くのを楽しみにしていたのですが、取引先でポカをやってしまって、事後処理に追われてしまい、結局行けなかったというのが無断欠勤の一週間前くらいにありました。その時に、ちょっと異様なくらいブツブツいっていたんですよね。

相談員2：職場への文句ですか？

上司　：まさかまさか。もちろん、そうやってブツブツ文句を言う社員もいますが、あいつはそんな奴じゃないです。あいつは……（ハッとして）、「僕が間違えたからいけない」「僕がダメだからいけない」「僕自身のせいだから」……って。

相談員2：それが直接の原因ではないと思いますが、日常的に張り詰めておられたのかもしれませんね。それで……

上司　：ぷつっと言った。ああ。かわいそうなことをしてしまったな。本人を受診させて、少し休ませてやりたいんですが、どうやって本人に病院の話をすればよいか……。実は、妻にはいつも余計なことはするなと怒られていまして。それに、子どもが産まれてすぐ、妻が泣いたり怒ったりすることが多かったので、「ちょっと変だから病院に行ったら？」と言ったら、「私が病気だっていうの？」と怒鳴られ、そこから一ヶ月実家に帰られてしまったことがあるんです。だから怖くて。

相談員2：難しいですよね。でも、ご本人さんが、辛いとか、怖いと思っていてなんとかしたいと思っているのは間違いなさそうなんですよね？

上司　：ええ。僕にも、「助けてください。もう頭がおかしくなりそうです」と言っていましたので。

相談員2：お二人は、普段から信頼関係があるんでしょうね。シュウゴさんは、「この人のことは信じている」という方は上司さんの他にはいそうですか？　親御さんとかも含めて。

上司　：それが、あいつお母さんを最近亡くしたみたいなんですよね。交通事故で。親父さんは生まれた時からいなかったみたいです。自分は母親と二人きりで生活してきてきょうだいが欲しかったと言っていました。だから僕に懐いてくれていたような気がします。僕も、そんなやつだから可愛いなって思って面倒を見ていた節があります。

相談員2：それでは、ご本人さんに声を届けられるのは、上司さんなのかもしれませんね。どうでしょう。「生活の困りごとの相談窓口の人が話を聞いてくれるって言っているけれども、一緒に家に行ってもいいか？」という点について、ご本人の同意を取り付けていただくことは可能でしょうか。

上司　：えっ？　一緒に行ってくれるんですか？

相談員2：ご本人が来られないのですから、こちらから出向くのが筋だと思いますよ。でも、家ってプライベートな場所だから嫌って言う人もたくさんいます。だから、同意だけは取り付けていただきたいんです。

上司　：わかりました。営業一筋一五年。そのぐらいの同意さえ取れないようじゃ、名が廃ります。

　こうして、相談員2は、「本人の役所まで相談にくる力の欠如」を自分が出向くという形で補うための段取りを始めた。同意を取り付けるのは、その人が「力の欠如」部分の補完を他者に委ねますよ、ということの承諾のためだ。上司は、宣言どおり、シュウゴさんの同意を取り付けて、電話をかけてきてくれた。こうして、上司の力（メンタル的な力）と、相談員2の物理的な力をもって、本人が相談という社会資源にたどり着くことができた。ここまでに、相談員2は、本人の状態や、本人を取り巻く人的資源の確認をし、キーパーソンになっている人的な資源である上司の力をどのような形で借りるかについて算段をしている。定型的な支援の王道を披露し、情報提供をしても、本人や周囲に力がなければ、社会資源には繋がれない。支援をするというのは、きちんと繋がるための「線」を自分の力で保障することだ。これが、こういったことに長けているが、相談先は知らないという相談者であればサクッと本人の治療の同意をとりつけて、保健センターに繋いだことだろう。本人の残存能力と、周囲にある力がどの程度本人と社会資源を繋ぐ線を描くのに寄与できるのか、によって、注ぐべき「相談員自身の力」が変わってくる。その深さの見極めこそが、支援の難しさなのだ。

　もちろん、シュウゴさんの場合は、医療という社会資源に繋がることで、精神の安定という状態をキープし、シュウゴさんが望むのであれば復職し給与を得て生計を立てていくことが、最終的なゴールとなる。復職が難しければ、年金や生活保護の受給を検討して、働かなくても食べていけるための資源と繋がり続けることがゴールとなる。そのためには、幾つも本人の能力を必要とするが、おそらく「急性期」であるシュウゴさんにはその能力を発揮することができない。思考にいろいろなものが流入してきていて、現実の検討能力は低下しているように見えた。

本人宅に出向く日。相談員2は、「僕はどうしたらよいですか？」という上司に、「上司さんは本当にシュウゴさんのことを心配し、ケアが必要だと考えておられるのですから、それをそのままおっしゃっていただいて大丈夫です。あとは私の方でやります」と伝えた。ここにも、上司のもつ作用の「見込みの測定」がある。これが、上司のさらに上司からの命令で、「全くなんで俺がこんなことを……」と思って渋々きている人であれば、おそらく本人の力になれることが少ない。場合によっては、部屋から出ていてもらった方が良い。マイナスの力に作用する可能性があるからだ。相談員2は、上司の素朴な優しさや眼差しに、ケア的な要素を見出していた。支援者が、自分の力を他者に注ぐとき、同時にケア的な要素を含むことが多い。人というのは不思議な存在で、「いてくれること」自体が力であったり、ちょっとした言葉が本人の縮こまっている力を引き出すことがあるからだ。しかし、シュウゴさんの場合は、初めて会う相談員よりも、自らを心配していてくれている上司の気持ちの方が、ケアとしては機能しやすい。これも相談員の「見立て力」により弾き出される。

そうして、本人宅についてから、次のラウンドが始まる。妄想や幻聴が出ていて、病識がないと言われる人に特効薬のような一言はない。それは、何気ない一言であったりもするし、ケア的な要素が十分に受け取れれば動きだしたりもする。また、自分よりも強いと思う人に言われて嫌々ということもある（親子関係などはそうかもしれない）。だから、ここで具体的にシュウゴさんを動かした一言を一般化することはできないし、「これを言えば統合失調の人が病院に行ってくれる」と思われても困るのだが、上司がはなった「ごめんな、気づいてやれなくて」がシュウゴさんの震えを止めたことは確かで、そういった意味で、相談員2の、上司によるケアの力と、シュウゴさんのもつ力の引き出しの見立ては間違っていなかったと思われる。もちろん、上司の力がさほどない場合は、これらのことを相談員が肩代わりする事になる。また、上司よりも家族の方が力がありそうな場合は、家族の力を借りることもある。ともあれ、シュウゴさんに上司はこう言った。「僕は、こういったことがよくわからないんだ。ごめんな。鈍感なんだよ。奥さんにも怒られてる。だから、相談員さんの話を一緒に聞こう」と。

シュウゴさんは、「メンタルクリニック」という言葉に、少し眉をひそめた。多くの支援者が、精神科ではなくメンタルクリニックという言葉を使うのは、本人が精神科領域の医療につながるに当たっての力を疎外する「偏見」や「負の印象」があるからである。それをメンタルクリニックという言葉を使って少し力が通りやすくする、というのが「精神科」ではなく「メンタルクリニック」という言葉を使うことの持つ意味である。少しひそめた眉に、相談員が気づくかどうかで、次に出す言葉が変わってくる。「びっくりしちゃいますよね。でも、シュウゴさんを見ていると、とても苦しそうに見えるんですよ。不安や恐怖でいっぱいって顔をしている。本当は、その女優さんが付きまとわなくなるのが一番だけど、それはそれとして、まずはシュウゴさんの怖さや不安のケアが必要だと思うんです」と出せるか、本人の同意をギラギラとした目で待ち、ハイと言わせるか。相談員が、「ケアが必要」と言ったところで、上司が反応した。「僕もそれがいいと思うよ。お前はいつも頑張っている。頑張り過ぎなくらい頑張っている。すり減っちまうぞ」こうして、シュウゴさんは、受診に同意した。

思わぬ副産物もできた。別れ際、上司がボソリと言った。「妻に謝ります。本当は、妻のつらさを共に感じないといけなかったんだと気づきました。それなのに、僕は、様子がおかしい、病院にいけば治る、とだけ思っていて、そこに至る妻のしんどさや葛藤なんかに寄り添おうとしなかった。そういった寄り添いがあれば、そもそも辛くならなかったかもしれないし、寄り添いがあっても辛いのであれば、寄り添いの延長線上に通院ができたかもしれない」。解決策の算段は誰でも浮かぶ。問題は、その式をいかに成立させていくかで、その式を構成する要素を見極め、埋めていく作業を、「誰が」「どのように」「どのくらい」担うかだ。大まかな算段はＡＩに任せておけばよいと思う。しかし、苦しさに思いを馳せ、どこまでいっても当事者にはなれないことを理解しながらも、共に苦しさを感じようとすることや、その状況に合わせた自分の力の使い方をするというのは、ＡＩには決してできまい。

この節で書きたいこととは、少しずれるが、少しだけ。

後日、シュウゴさんが無事にクリニック受診をし、安定剤を処方された。シュウゴさんの同意が取れたので、上司に報告の電話をした。「よかったです。本当に。妻にも謝ったんです。今頃わかるなんて鈍感ね、もう一生私の奴隷ねと言われました」と嬉しそうに話してくれた。奴隷と言われて嬉しいだなんて、この方は相当……と思うかもしれないがそうではない。「相手を理解できた」「通じ合えた」「タイムリーではないけれども、共に苦しさを味わおうという気持ちになれた」という人間関係を獲得できたことが喜びだったのだろうと思う。そしてそれが、人と人が共に生きるということなのだと思う。共に感じることは、「同化すること」ではない。それぞれ違うものを見て、違う世界で生きてきた人と人は、同じものを見ても同じようには捉えられない。私は自然の中で育ってきたから、土の感触が心地よいが、都会育ちの人には虫を想起させる汚いものと感じる人もいるだろう。互いが一つのものや現象を捉えるその様式を知ろうとし、想像をしてみること、それは、「同じである」ということをベースとせず「違う」ということをベースにしている。そこが人間関係の基本なのだと思う。

3　力を注ぐことの難しさ

前節では、力を注ぐために、対象を観察し、足りていない力を注ぐことで、クライアントが資源に繋がっていくさまについて記述した。私が、「力」にこだわるのには、理由がある。小さいころ力の入れ方を誤って、ものを壊した経験はないだろうか。力が流れるところというのは、常にこの問題が発生する。力持ち、力不足、力任せ、力の限り、力を合わせて、といったように、私たちの日々の活動の中には、血液のごとく「力」が脈々とながれている。それは稼ぐ力というだけではなく（社会はそこに焦点を当てすぎるから、割と感じ悪いものになっている）、助けを求める力であったり、呼吸をする力であったりする。自分でコントロールできるものもあれば、胃や大腸のようにコントロールできないものもある。支援とは、うまく力が流れない状態に力を注ぐことであるというのは、前節で書いたが、ゆえに、多くの人が、想定の環境の中で（現代社会限定だが）自らのなかである程度完結している力を、支援者とタッグを組む形で、循環させる。つまり、人と人との間に力が流れる。それが興味深いことであるとともに、恐ろしいものであると捉える必要があるのだ。また、この力の流れがうまくいかない場合に、クライアントは、社会資源にたどり着けないという事が起こってしまう。

先日のことだ。家の前で小さな雪虫が飛んでいた。家に入ってしばらくして、服についてきたことに気がついた。フワフワの小さな毛が四月に亡くなった愛猫みたいだなと思い、「あれあれ。外に出してあげましょうねえ」と年齢不相応なセリフと共に外にでて、軽く服を払った。本当に軽く、だ。しかし、その軽いはずの払いが、雪虫にとっては致命傷になったらしく、服の上で息絶えてしまった。申し訳ないことをしてしまった。「力加減を間違えてしまった」。こういうことは、往々にしてある。うまれたての赤ん坊を抱っこするときも似たような感覚がある。ずっしりと重いのに、ぐにゃぐにゃとしていて、「壊れてしまいそう」と恐る恐る力をこめる。私たちは経験と失敗の中で、力の使い方について学んでいく。しかし、それは、「定式化できない」。雪虫にあのくらいの力を入れると死んでしまうというのは、経験して学習した。しかし、その力の強さを記憶できているかどうかわからない。また、記憶できていたとして再現できるかどうかわからない。想像するイメージと実際の身体の動きにはずれが生じる（思ったより足が上がっていなくて、段差で蹴躓くというのは、よくあることだ）。仮に、再現できるとして、それよりも少し小さな力の加え方ができたとして、それが雪虫を死なせてしまわないという保証はない。

支援を語るとき、身体知という言葉があるが、やはり私には、支援で行うことが身体知であると感じるのだ。どういうひとにどのくらいの力をどうやって注ぎ込むか、ということで、社会を語るという章（第二章）で書いたようないろいろなものを提げた私が、瞬時に判断をし、測定をし、弾き出していく。いちいち、計算をしたりせずに、「絶妙さ」をもって「目標までの道のりを埋める力」を注ぐ。転んだひとにとっさに手を差し伸べるように、身体に落とし込まれている。中島義道が、対話とは自分の人生を背負って話をすることであると述べていたが、「社会的な存在である私」がいろいろなものを纏い、引っ提げた状態で、その状態と相手の間に力を流し込む。そういった意味で、支援はやはり属人的なものであるのだろうなと思うし、職人的な要素があるのだろうなと思う。どのくらいの力でこねればよいのかを掌が覚えているというのと同じ感覚だ。

しかし、これがうまく身体知として定着していないと、力の空回りや力の使いすぎ（バーンアウト）、力の注ぎすぎ（支配）、一人よがりな力の使い方（権力）が発生する。「力」はそれ単体では、良いものとして語られるが、火ととてもよく似ていて、使い方次第では、全てを焼き尽くしてしまうほどの威力をもつ。

例えば、力のベクトルが、「支援者自身に向いている場合」。褒められるため、評価されるため、ありがたがられるため、自己実現のため、保身のため、承認欲求のため、儲けのための力の使い方をすると、力の流れる向きは、支援者に向いてくる。どんどん力を注いでいるようでいて、力は、自分に向けられているので、下手をすれば、クライアントの力を搾取することさえある。共依存関係がその顕著な例だろう。

前著である『ソーシャルワーカーのミカタ』（2002、生活書院）の中で、こうすけさんという若者を登場させたが、クライアントができることまでやってあげて「僕じゃなきゃできないんです」と言い、鼻の穴を膨らませるような人物として描いた。そのプロセスで、クライアントは、初めは自分でできたであろうことも「こうすけさんが一緒じゃないと……」となってしまった。これはもはや天使の顔をしたエナジーバンパイアだ。

そして、何よりも怖いなと思うのは、「力」は私たちをおかしくさせてしまうということだ。私は今の職場で権力を持っている。情報が集まってくること、私しか知り得ないことが発生しやすいことなどが、権力の強さを補完していく。これは、勘違いを招く。「偉くなったんだ」「強くなったんだ」と感じてしまう。特に私たちの世代なんかは、「強くあること」が美徳とされて叱咤激励されてきた世代であるから「強さ」を手に入れたような気持ちになれることは快感ですらある。そして、そこに溺れる可能性が頭をかすめて、日々ゾッとするのだ。

管理職としては、持つであろう力を職員や運営に正しくあて続けることが求められ、自戒をこめながら仕事をしているつもりであるが、「力がある」と感じるような環境というのはかなりの自律的な内省を要するなと日々思う。力は思わぬ方向に派生する。うっかりと口にしたことが、力を持ってしまうということは往々にしてあり、その力の強さに恐れ慄くこともある。例えば、私が何気なく、「あの人は記録に時間がかかるからね」と言った場合、それは「組織としてのその人の評価」と同義になってしまう。一方で、その事実を私しか知り得ないような場合は、人事における采配が私にのみ許され、より力を持つようになるという状況が発生してしまう。だから、「共有すべき相手」に権限を付与して、共有をし、守秘の義務をかける。それ以外の職員にはこちらからは言わないようにする、ということが求められる。うっかり口を滑らせたり、やたらと誘導がうまい人もいるので、権限を持たない職員との会話の機会自体を減らすこともある。力の扱いというのは本当に難しいものだ（まだ修行中）。同様に、支援者もまた、力をうまく使えない人たちに力を注ぐことをし続けると、自分が「力持ちである」というふうに感じられることがある。現に力持ちであることもあるが、力を別の方向で使うものが現れる。そうやって、指導的な支援をしてきたという人は多いように思う。自分の考える正しさに引っ張っていく、クライアントはダメなやつだというレッテルを貼ってしまう。そんなことはどの現場でも起こっているのではないだろうか。自分の思っていた方に、クライアントを導けたとき、気持ちよさを感じるのであれば、それは要注意だ。

また、「クライアントはダメなやつだ」と口にすることが倫理的にＮＧと感じているのであれば、それは社会に向かうこともある。クライアントの代わりに、「力」を振るう。例えば、生活保護申請でよくない対応をされたクライアントの代わりに、役所に「攻撃」を加える。もちろん、クライアントにとって利益にならないことや理不尽なことで、かつ異議申し立ての言葉を発する「力」が低下したクライアントの代わりに、力を行使することは、支援としても正しい。しかし、俗に言う、「気が大きくなった」かのような異議申し立てで、本人が置き去りということもまま見られるのだ。

「代わりに怒ってくれるひと」というのはありがたいものである。しかしそれとて、本人の力の「代替」にすぎないのだから、本人が望む人に、本人の望む強度で怒ってほしいという思いがある。「初恋の悪魔」というドラマのなかで、印象的なシーンがある。おそらくクラスに馴染めないできたであろう変わり者キャラの鹿浜さんは、中学のときに、クラスの女の子から手紙をもらい、花束を持っていったら、クラス全員がいて大笑いされた、というエピソードを披露する。それを聞いたセスナさんが、「クソだね」という。そしてその後、セスナさんは、きく。

「そのとき、鹿浜鈴之介さんはどうしたの？」

「べ、別に。ただ引き返した」

「そいつら全員朝起きたらトイレの虫に変わって生涯を終えればいいのに」と震えた声で憤るセスナさん。

「君が怒ることじゃない、ずいぶん昔のことだ」

「昔のことだからだよ。言い返せなかったことって残るでしょう？　あなたのしていることは失礼だよ、私は怒っているんだよって言えなかったことって何年経っても残るでしょう？……（中略）そういうのってシャツのシミみたいに残るんだよ、クソ」と捲し立てるように憤り続ける。

鹿浜さんは、「もういい、もういい。大丈夫だから」と慌てる。

セスナさんは「大丈夫じゃない」

そうして、鹿浜さんはいう。

「君が怒ってくれたから、シャツのシミは消えた」

と。[2]

このやりとりがとても好きだ。松岡茉優の演技も、林遣都の演技も最高によい。私たちは、「力を行使できない」という状況を小さいころから幾度も経験している。もちろん理不尽なことも。「代わりに怒る」ということは、カタルシスをもたらす、ケア的な側面がある。「消化されなかったものや押し込められた怒り」は「シャツのシミのように」残る。それが残っていると人を信用できなくなる。そこで、自分が信頼を置いているひとに、「怒ってもらう」という事は、一種の「弔い」の作業なのだと思う。鹿浜さんの悲しみが一つ「成仏した」。

シーンはそこで変わるが、もし、セスナさんがもっとエキセントリックで「公正な視点の持ち主」でなく、「そいつらに復讐しよう」と言い出すようなことがあれば、鹿浜さんは新たな窮地に陥るだろう。また、リアルタイムでその場面にセスナさんがいて、直接文句を言ったとすると、鹿浜さんの受け取りはまた違うかもしれない。助けられたと感じるか、惨めな気持ちになるかは、本当に紙一重だ。あくまでも、過去のことであって、その場にいなかったセスナさんが、ミョウチクリンな怒り方をする、というのがカタルシスをもたらしたということなのだと思う。そういった意味では、とても絶妙でかつセンシティブなやりとりであり、二人の関係性であるとか、セスナさんが元々背負っている公正な視点であるとか、独特の言い回しであるとか、そういったものがもたらした効果であり、いつどんな時でも、どんな人でも「代わりに怒ればよい」というものではない。

にもかかわらず、支援者は時々、暴走してしまう。「だめですよ。ちゃんと夫からとるもの取らないと。私が言ってあげます」「役所の水際は許せませんね。ちゃんと抗議しましょう。あなたも声を出さないとだめですよ」とか言い出してしまったりする。いわゆる「正義の暴走」に近い状態だ。問題を抱えていたのは自分で、それを押し込めてしまうのは忍びないものの、人に少し持ってもらおうと思った瞬間に、自分の手の中にあった問題を、他人が遠いところまで運んでしまっているような複雑な気分になるだろう。「抗議、というか辛かったという思いを伝えるだけにとどめたいです。この後私は役所のお世話になるのですから……」と伝えられるクライアントはそうそういないが、後からこそっと聞いたりすることはよくある。

一体誰のためにどんな力を注ぐのか。一番よいのは、クライアントとの関わりの中で、クライアントに力を注ぐことで、クライアントが、自分の考える強度で理不尽を訴える力を取り戻すことだ。「誰が怒ってもよい」訳ではない。「本人の言葉である」ことが重要なことがあるし、「本人がゆだねたい」と思っている人が怒ることも重要だ。痛みも苦しみも理不尽も、「本人のもの」であるから、それを容易に他者が奪ってはならないと思う。他者が奪ってしまったとき、新たな抑圧の力がクライアントに向いてしまうのだ。

そういう意味では、私たちは、常に適切な力の使い方を求められる仕事をしていると思う。悪意がないのに、雪虫を潰してしまうように、「よいこと」というヴェールの中で、間違った力の使い方をしてしまいがちなこの仕事をするうえで、自らの力の強さをよく知り、それを正しく使い続けること。第一章で書いた、「部屋の中で見る」という行為が肯定される条件の根底にはこのことも含まれる。権力ということから私たちは逃げられないのだ。自分たちが「権力」をもつ存在であることを自覚しつつ、その力を誰のためにどのように供与するか。力というのは気持ちの良いものであるから、人間は溺れていきやすい。

ある日の夕食時。息子とわたしは民法の話をしていた。今年法学部の一年生となった息子は、前期の民法の授業で総則について学んでいる。総則といえば、成年後見制度の記載がある部分じゃないか、と思い、息子に説明を求めてみた。彼は、成年後見における後見・補助・補佐という三類型について、「本人の残存能力に応じるかたちで権利の侵害を防ぐ」と説明した。私はこれを聞いて驚いた。私は、その三類型について、「本人の残存能力に応じて、できる範囲が異なる」と捉えていた。もちろん、意味は同じである。また、私自身が支援者であることを考えるとある程度やむを得ない部分もあるのだが、「成年後見」が「権利侵害」になりうるという可能性について、あまりに鈍感であったことを思い知らされたのだ。支援者が「できる」(本人の代わりに力を使う)ということは、権利侵害の側面がある、ということ、またその事実をまるで前提としていないことに、恐怖した出来事だった[3]。

4 記録とAI

その日、息子は外でご飯を食べてくるというので、ここぞとばかりイソイソと塩ホルモンを買ってきた。大人しかいないので、ホルモン祭といこうじゃないか、と思ったのだ。帰ってきて、ホルモンのパッケージを見ると、何かがおかしい。そう。記述がおかしいのだ。

「味がついていますので、しっかりと加熱してください」

――はて?

夫が通りかかったので、イチャモンをつけてみる。

「味がついていることとしっかりと加熱することの因果関係ってないと思うんだけどこれ何?　どういうこと?」

実に厄介な配偶者で申し訳ないが、捨ておけない。味がついていてもいなくても、生のホルモンはしっかり焼かねばならない。つまり関係のない二つの事象が「ので」でつながっている。気持ち悪い。わたしは支援記録のことを思い出した。

支援記録を書くのが苦手という人は多い。組織によっては、エクセルに定型文を入れておいて、プルダウンで選択する形になっているだろう。チャットGPTに書いてもらうようになるまでそう遠くはないのかもしれない。AIでいいのであれば、時間短縮のためにAIで良いじゃないかという人もいる。支援はAIではできないが、記録はAIでいいのではないか、ということだ。わたしはこれにもノーの立場をとる。事例で見てみよう。

やよいさんは、七〇歳の女性である。定年退職をした後、警備の仕事についていた夫が急に倒れて、ICUに入っており、医療費と生活費の相談に訪れた。年金が二人合わせて一〇万円ほどで、足りない分を夫の就労収入で賄っていた。医療費の請求は一二万円ほどだが、やよいさんは預貯金がどれほどあるかわからないという。話にまとまりがなく、理解力に乏しいようすだった。

少し極端だが、支援員1は次のようにケース記録に書いた。

主が来所。

・主訴は生活費と医療費の相談。

・これまで生計中心者であった夫が倒れたことにより、生活困窮になった。

・医療費は一二万円。

・主の理解力は低い。

・夫は警備の仕事をしていた。

・主は預貯金の金額を把握していない。

・当職からは、生活保護の情報提供をした。

実に簡単であり、これでは「情報の羅列」にすぎない。私たちの生活や人生には通常「ストーリー」があるし、因果関係があるし、心がある。これが見えてこない。若い人たちとラインをすると、一文一文を送ってくる。長い文を送ると「おじさん構文」と呼ばれてちょっと馬鹿にされたりもするのだが、一文一文のラインもまた情報の羅列である。

支援をするときには、情報の間にある因果関係を考察することが必要であり、それがアセスメントである。こうだから、こうなっている、だからこうなった、だからこれが必要だ、といった具合に分析をし、考察をし、それをもって構築をしていくという作業が必要になる。また、同時にケア的な要素を伴う必要があり、ケアの仕方や本人の残存能力によっては、ケアのみで、分析考察対応策の構築を自身でやってのける人もいる。これを全て伴っての支援だ。やよいさんの事例を記録に落とすときに、上記のように事実だけを書くのは最も簡単で時間がからない方法であるが、そこには、ストーリーを想像する余地があまりにない。これを、因果関係を含めて、文章に落とすということを考えた時に始めて沸く疑問がある。事実と事実を繋ごうとして初めて、「欠けているピース」が意識にのぼるのだ。

やよいさんの理解力が低いのは、夫が倒れて混乱しているのか、それとも認知症があるのか、それとも元々なのか。それを知るにはどうしたらよいか、と考える。そうして次きたときに質問したい事項が弾き出される。「やよいさんと夫の関係性は普段はどうなのか」と。預貯金の金額を把握していないので、普段はしっかりものの妻というセンは外せるか?と想像する。いやいや、しっかり者だけど、夫がＤＶ気質で俺の金だ、お前には見せんと言っていただけかもしれない。こんなふうに色々な可能性を考えて相談員は次のように質問をなげる。

相談員　：ご主人、突然のことでびっくりされましたよね。奥様いまお辛いですよね？

そして、ここで返ってくる言葉に耳を傾ける。

やよいさん：何が辛いってあなた、この先どうすればいいのよ。あのバカタレが散々好き勝手やって倒れやがって。情の一つくらいはあるけれど、入院費かかるくらいならぽっくりいってくれればよかったのに。

と毒づくか「あの人いないと何もできないんです」と涙を流すか。そして、そのどちらでもない場合もある。「ええ。まあ」。

そうなると、この質問は関係性を聞き出す質問として不適当だったということで、次の質問を考え出す。

相談員　：お金のことはいつもご主人が？

こうやって、奥さんとご主人の間の関係性を聞くことで、この夫婦の物語が見えてくるのだ。夫がうるさく、かつ暴力を奮ってきていて、働くことも許されず、いきなり倒れられた妻としてとらえるのか、元々能力的にはあまり高くなく、夫が妻を保護する形で生活をしてきたふたりなのか。どちらの夫婦であっても、弾き出される状況は同じである。しかし、どちらの夫婦であったかによって、やよいさんへの関わり方が変わるのだ。前者である場合は、長いDV生活の中で押し殺していた怒りの受け止めや、やよいさん自身の持つ力の引き出しが可能かもしれない。後者の場合は、一時的に夫の代わりに保護的な関わりが必要になるだろう。その人に流れるストーリーは、支援に大きく影響するのだ。夫の人物像によっては、生命保険に入っていた可能性も出てくる。

もう一つ事例をだそう。今度は、別の形で。四〇代男性の場合。

ソウタさん：仕事を探していますが、見つかりません。
相談員　：どんなお仕事をお探しですか？
ソウタさん：自分別にスキルもないんで、なんでもいいです。
相談員　：前職はなんの仕事でしたか？

ソウタさん：軽作業の派遣です。
相談員　：どのくらいの月収でしたか？
ソウタさん：月手取りで一七万くらい。
相談員　：次も同じくらいのところを探していますか？
ソウタさん：はい。贅沢は言えないんで。
相談員　：体調はいかがですか？
ソウタさん：問題はありません。ちょっと腰は痛いけど。自分なんかにできることは限られているし。
相談員　：離職したのはいつになります？
ソウタさん：先月です。
相談員　：手持ち金はいくらですか？
ソウタさん：二ヶ月くらいはなんとかなります。
相談員　：お家賃はおいくらでしょう？
ソウタさん：四万五〇〇〇円です。
相談員　：離職の理由は？
ソウタさん：契約期間満了です。派遣ですから。

相談員　：そうですか。一人で探しておられて大変でしたね。もしかしたら、住居確保給付金が使えるかもしれません。日銭のアルバイトをしながら、家賃の給付を受け常用就職を目指しませんか？　もし、どうしても決まらないときは生活保護も視野に入れて、ではありますが。

（中略）

相談員　：では、手続きの説明をしますね。後はこちらでも求人をいくつか当たってみますね。必要書類を持ってできるだけ早く来所してもらえます？

ソウタさん：はい、ありがとうございます。

さて、記録に落としていこう。

・先月離職したが、仕事が決まらないといって主が来所。
・仕事を決めたいというのが主訴。
・預貯金は二ヶ月くらいはなんとかなるとのことであったので、三〇万円程度あると思われる。
・契約期間満了により失職。
・家賃四万五〇〇〇円。

・前職は軽作業の派遣。
・体調は大きくは問題ないとのこと。腰痛あり。
・全体的に静かでおとなしい印象。
・アルコールの匂いがしており、アルコール依存の可能性あり。
・住居確保給付金及び万が一のときの生活保護の説明を実施。
・書類を揃え、早期の来所を促す。
・前職と同じくらいの収入一七万円を希望。

印象や非言語の情報からの考察は入っており、それに対してどういった支援をしたのかが書かれているという点では、確かに最低限の情報は盛り込まれているように思う。また、支援を始めたばかりであれば、こういったことを聞き漏らさずに聞き取るだけでも大変なことなので、まずはこれでも良いのかもしれない。

それでは、これらの情報間の関係性を推測するために、他に必要なピースを見ていこう。主は、これまで軽作業の派遣労働で月一七万円ほどの収入を得て生計を立てていた「が」、契約期間終了とともに離職。（ピース1）次の仕事が決まらない「ため」相談に来所した。全体的におとなしめの印象「で」アルコール臭がすることから、アルコール依存等なんらかの疾患を有している可能性がある。「また」腰痛が少しあるということだった「が」、通院しているか不明」（ピース2）。職種にこだわりはなく（ピース3）手持ち金は後二ヶ月ほどで尽きるということ「なので」早期の就労を希望している。そのため、住居確保給付金を利用することで、手持ち金の減少速度を抑えるとともに、早期の就労を目標とした求人情報を提供することとなった。

ピース1とピース2とピース3は、「抜け落ちている因果関係」である。派遣労働を契約期間終了で終えたからといって、次の仕事が決まらないわけではない。決まらなさは、ただ単に「タイミング」や「運」の問題なのか。そこで就労阻害要因になりそうな「アルコールについて」と「腰痛」についての本人の認識がつぎのピースとして立ち現れる。同様にしてピース3が立ち現れる。

助詞を正確に使おうと思うと、雰囲気では掴んでいた事実と事実の間の関係性が意外なまでに希薄であることがわかる。これを埋めるのが、次の面談ですべき質問だ。やめたときのこと、嫌かもしれないけれど、もうちょっと詳しく教えてもらえますか？　とか、気持ちが落ち込んだりすることありませんか？　とか、腰痛は病院で診てもらいますか？　といったことを聞いていくうちに、根底を流れる自己肯定感の低さや諦めの感などが見えてくる。そうか、この人は、いろいろなことを諦めていて、とにかく「生きる」ことだけをギリギリでやっているのだな、ということがぼんやりと姿を表す。そうなると、本人が発した「自分なんて」という言葉の重さが変わり、その諦めや自己肯定感の低さは一体どこからくるんだろうと気になってくる。こうした作業を繰り返して初めて、本人の状態がよくわかる記録になっていき、アセスメントとなっていく。

インテーク時に全てを聞くのは難しい。だから「離職の理由については次回改めて聞くこととする」などと記録しておいてもよい。また、支援者が何に引っ掛かったのかを付記しておくこともある。「離職の理由については、本人は以下のように述べたが、アルコール依存の可能性等が影響を及ぼしている可能性がある」等。とにかく、それが「欠けたピース」であるというこという認識が重要なのだと思う。すなわち、記録を書くときの頭の構造というのは、常に「アセスメント」と同一なのだと思う。情報の羅列の記録を書く支援者は、ものすごく忙しくて備忘録のようなつもりで書いている（情報の羅列を見ることで、ストーリーは描ける）か、ボルタリングのように、感覚的につぎにどの岩に手をかければ良いかということを把握し、かつ的確に把握しているが、助詞の使い方に自信がないか、一次的な情報は取れても分析ができず、頭がまとまらないため、支援方針を立てられず、さらに、深まった情報を得ることができないか、のどれかだろう。

5　支援と力と対話

ここまで書いてきたのは、動き、の話だ。私たちはどんなふうに、何をするのか、ということを書いてきた。この章の最後に、絶対に触れておかねばならないことがある。それは、上記の支援、つまり、力を流し入れるプロセスに通底する「対話」の効用についてだ。力を注ぐとき、「力任せ」にやればよいという事ではなく、本人の能力を見定めながら、足りていない部分を補っていくという事が求められる。その時に必要なのが「対話」である。これは、「力の見極め」だけではなく「力の引き出し」を可能にする。

対話なき社会であるというのは、第二章で触れた。また、対話をしているつもりでも、のっぴきならない権力差があるものであるということは、第一章で触れた。その中で、私たちは、自分たちの力がより適切に届くように、さらにどのくらいの力を注げば良いのかを見定めるためにも、対話、を用いる。対話とは、人生を背負って語ることという中島の文を紹介したが、ここでは、実際に福祉の文脈で語られる対話について言及していこうと思う。

対話は、異なる存在であることを前提とする。これを聞いてびっくりする人もいるのではないだろうかと思う。共通の話題を探すとか、同意するとか、そういった工夫を重ねて、支援をしている人も多いだろう。だから、「同じ」であることをむしろ意識する。しかし、その根底には、「違う存在」であるということが前提としてある。私たちは「違った経験をして」出会った人間同士である。

私は解雇されたことはないが、その人は解雇されて相談にきている。私は学校でひどいいじめにあったことはないが、その人はいじめられてきた傷がいえず対人恐怖症だという。私は幼少期に食べるものに困った記憶はないが、その人は飲食店の裏のゴミをあさる幼少期を過ごしている。また、私にとって、駅においてあるフリーペーパーは、価値がなく、風景になっているが、その人にとっては希望に見えていたりする。歩いていて、鳥のフンを喰らうと、「通勤カバンに落とされたから仕事上でいいことあるかも」とか思う（実は先日、木の上でピロピロ鳴いていた小鳥にやられた）がその人は、「何から何までついていない。もう死んでしまえってことか」とか思ったりする。時間の流れもしかりである。人類みな平等に一日は二四時間であるが、二四時間という数字は、その人の行動にかかる時間や身体能力、タスク処理能力、気持ちの切り替え能力などに規定される形で相対的だ。こんなにも違うなかで、私たちはクライアントを理解しようと、「同じ部分」を探す。しかし、探しても探しても、差異は至る所に現れる。以下のやりとりを見てみよう。

一郎さんという男性は、家族関係に悩み、早く自立したいと考えているが、なかなか仕事にいく勇気が持てないという。同じ名前をもつ相談員の一郎さんが相談員をうけた。相談員の一郎さんは、自分も一郎であることを告げた。かなりややこしい感じになるが、以下相談員の一郎さんを、一郎相談員、クライアントの一郎さんを、一郎クライアントと記述する。

一郎相談員……お名前は……一郎さんですか。僕も一郎っていうんですよ。

一郎相談員はここで、全く知りもしなかった「他者」で、何もかもが違うという前提であるクライアントとの一番わかりやすい「同質性」を発見し、提示する。

一郎クライアント……え？　そうなんですか。珍しい。一郎って、この時代、ありそうであんまりないですよね。

一郎相談員……なかなかつけないですもんね。

順調だ。話が盛り上がってきた。と思った矢先に、差異が立ち現れる。

一郎クライアント：相談員さんの一郎の由来はなんですか？
一郎相談員　：親がイチローのファンだったんです。あんな風にカッコイイ人間になってほしいと言ってました。ちょっと重いですよね。
一郎クライアント：そうですか。僕は、親に捨てられて、施設でつけてもらったんですこの名前。その年の一番最初に保護されたから一郎だそうです。今どき施設だって、もう少し考えて名前つけますよね普通。今の親は里親なんです。
同じ一郎という名前の由来、もっと言えば親の愛情の圧倒的な違いが一郎相談員に置かれた。一郎相談員は、なんとも居心地が悪くなった。
一郎相談員　：そうでしたか。今のご両親はどんな方ですか？
話題をそらしてしまった。両親のことから、捨てられたと考えていることへの思いを聞いていこうという意図ではなく、ただただ居心地の悪さから逃れたくて話題をそらしてしまった。
一郎クライアント：優しいですよ。とっても。僕のペースで良いって言ってくれています。

どうしても僕、働くことに対して不安が色々あるから。

一郎相談員　：そうですよね。「僕も」働き始めたころはそうでした。

一郎相談員は、違う「同質性」を探しにでた。

ここで、一郎クライアントは力なく、「そうですよね」と微笑みながら凍りつく心を隠す。このひとは、僕が僕であることを見てくれていない、と。そんな人と、なぜ対話ができるだろうか。僕の思いが、この人に届くことはないかもしれない、僕の気持ちを、この人はわかってくれないどころか見ようともしていない、そう感じるだろう。一郎クライアントは、「不透明な存在」になり、以降、表面的なやりとりを続ける。ある日、一郎クライアントは来なくなってしまった。家に電話をかけて欲しくない、相談に行っていることを育ての親に知られたくない、心配をかけたくないと言っていたので、もはや一郎相談員になすすべはなかった。

一郎相談員は振り返る。「信頼関係が築けていたと思ったのに。順調にハローワークに行く段取りまでしてきたのになぜだ？」と。そうしてスーパーバイザーに向かってこう言う。「裏切られちゃいました」と。バイザーは言う。「どうして裏切られたと思うの？」「だって、本人が話しやすいように、共通の話題を提示して、親しくなって、信頼してくれていると思ったんです。自分のことも話してくれましたし」と一郎相談員。

「表面上はうまくいっているように見える関係性」がいきなり崩れることがある。順調に支援を受けて、生活を整えていった人がいきなり失踪したりする。あれやこれやと手をつくしていた相談員は、呆然と立ち尽くしこう言う。「裏切られた」と。

そんなとき、私はいつも高倉健の名言を思い出す。ただし、高倉健の話をしても、若い人は「だれ?」となるのは間違いないので、言わないが。その名言とは、「人に裏切られたことなどない。自分が誤解していただけだ」というもので、同様の趣旨のことを最近では芦田愛菜が言ったようだ。一郎相談員は、自分の支援の振り返りを「一ミリもしていない」。自分が「見誤っていたものはないか」ということを振り返られずにいる。そうして、大体こんなふうに落ち着いていく。「やっぱメンタルだったですかね」「これまでもきっとこういうふうに人を裏切ってきたんだろうなあ」と。そこで私は意地悪な質問をしてみたくなる。「本当に信頼されていたと思ってんの?」と(言わない。今どきこれはほぼパワハラだ)。代わりにこんなふうに聞いてみる。「一郎さんは、一郎さんのことを信頼していた?」と。

支援者は、クライアントのことを信頼しないのに、自分は信頼してもらえると思っている節がある。それは割と不思議だ。確かにクライアントは本当のことを言っていなかったりもする。突然いなくなったりもする。だから、「行動や言動」は信頼できるかというとなかなか難しい。しかし、自分を信頼してほしいと思うのであれば、まずは自分から信頼するのが礼儀ではないだろうか。その力に、存在に、絶対的な信頼をおく。それは受容にも近い感覚なのかもしれない。

上記の一郎×2のやりとりの中では、二人の一郎の中に、「差異」が立ち現れていた。その差異への着目こそが、一郎クライアントの実存を浮かび上がらせる。一郎相談員と一郎クライアントの間をわかつものがあるのに、一郎クライアントは、一郎相談員の経験にのみ基づいた小さな同質性の中に取り込まれる。「違う。同じ一郎でもあんたとは違う、幸せに育ったあんたとは何もかも違うんだ」という叫びを、自信がなくて、言っても無駄だと思って、飲み込む。「こんなふうに裏切ってきたんだ」という一郎相談員の言葉は、「こんなふうに裏切られてきたんだ」という一郎クライアントの叫びに呼応する。

もちろん、これも一つの解釈でしかない。諸個人の間に横たわる差異は無限であるから、差異を前提とするとき、うまくいかなさの解釈可能性も無限に存在する。本事例も、ただ単に、一郎相談員の顔が、かつてのいじめっ子に似ていることを思い出した、とか、なんとなく生理的に苦手だったとかいうだけのことなのかもしれない。しかし、可能性は無数にあるにも関わらず、自分は相手の責による可能性のみを拾い上げて解釈し、自分の責の可能性は拾い上げない。これは非対称で不公正なことである。その非対称で不公正な関係性は、支援するものとされるものの権力関係という第一章で問題としたことの象徴でもある。なぜ、相談員が正しくて、クライアントが間違っているという前提なのか。なぜ相談員が完璧なコミュニケーションをとれていたと思い込み、クライアントがうまくコミュニケーションをとれない人扱いされるということが許されるのか。もちろん、相談員自身の中に、確固たる「やっちまった感」があった場合は、気付きやすい。また、「やっちまったとき」にクライアントがあからさまに異議申し立てをしたりするときには、内省することが可能になる。例えば、一郎相談員と一郎クライアントの話題が、こんなふうに展開した場合である。

一郎相談員　　　：お名前は……一郎さんですか。僕も一郎っていうんですよ。
一郎クライアント：え？　そうなんですか。珍しい。一郎って、この時代、ありそうであんまりないですよね。
一郎相談員　　　：なかなかつけないですもんね。
一郎クライアント：相談員さんの一郎の由来はなんですか？
一郎相談員　　　：親がイチローのファンだったんです。あんな風にカッコイイ人間になってほしいと言ってました。ちょっと重いですよね。
一郎クライアント：そうですか。僕は、親に捨てられて、施設でつけてもらったんですこの名前。その年の一番最初に保護されたから一郎だそうです。今どき施設だって、もう少し考えて名前つけますよね普通。今の親は里親なんです。

一郎相談員　：そうですか。今のご両親はどんな方ですか？

一郎クライアント：優しいですよ。とっても。僕のペースで良いって言ってくれています。どうしても僕、働くことに対して不安が色々あるから。

一郎相談員　：そうですよね。「僕も」働き始めたころはそうでした。

一郎クライアント：相談員さん、同じ同じって言いますけど。僕とあなたじゃ、全然違うじゃないですか。理解がある優しい人に抱く感謝と苦しさと後ろめたさと怒りがあなたにわかりますか？

こんなふうに、クライアントが自分自身の不快感を明確に表せる場合、非対称だった力の差が均衡に近づき、クライアントが異議申し立てをできる。そうなると、否応なしに相談員は、「差異」を突きつけられ、内省せざるを得なくなる。しかし多くの場合は、生活に困り、人生に困った状態で、助けてくれるかもしれない目の前の人に異議申し立てをする力は残っていない。だから支援者は自分で、「自分の対応に責があった可能性」を探るしかない。クライアントが異議申し立てを行わない場合、支援者とクライアントの間には、一見「友好的」で「親和的」で「摩擦のない人間関係」が出現する。しかし、しつこいが、他人同士であるので、「摩擦がない」などあり得ないのだ。

そのとき一郎クライアントはどう感じたか。今、一郎クライアントはどう感じているか。親という存在を一郎クライアントはどう考えているか。一郎という名前をどう考えているだろうか。それらの答えは、全て一郎相談員のそれとは異なるものなのだから、理解したいと思うのであれば、一郎クライアントの様子にしっかりと注意を払うしかないのだ。目を伏せた。宙を見た。頬がひきつった。貧乏ゆすりが増えた。「空気が変わった」。クライアントが表現したい自己を「適切な力」で拾いに行くしかない。そうして、差異を見つけに行くのだ。支援関係における非対称性（権力と言っても良い）を背負っている自覚を持ちながら、力を注いで差異を見つけにゆく。

マルティン・ブーバーの「我‐汝」という概念は難しく、正確に理解できているか甚だ不安ではあるが、臨床心理学者であるカール・ロジャーズと、マルティン・ブーバーの対談を紹介したい。ロジャーズの言う「我‐汝」の関係と、ロジャーズの考える援助関係の同一性について、ロジャーズはこれを同一のものであると投げかける。これに対し、ブーバーは、「援助関係」という非対称な関係を前提とする関係性において、「我‐汝」という関係になりうることはない、と断言する。これは興味深い。これを読んだとき、私は初めに「ブーバーさんが正しいよね」と短絡的に考えた。しかし、ロジャーズは反論を加える。「確かに、我‐汝」となる瞬間があるのだ、と力む[4]。そのとき、私の中に一人の女性クライアントのことが思い起こされた。

彼女の名前は和子さん。和子さんは、手に職をつけ、仕事に生きてきた七〇代の女性だ。暮らしぶりは派手だった。ブランドもの以外は身につけたくないと言い、某高級デパートの肉以外は食べたくないという（彼女は、私が日々旨い旨いと食べているスーパーの豚肉を、ゴムチューブみたいなもの、と表現した‼）。しかし、そのとき月収は二〇万円ほどで、かつ家賃が高かったため、すでに各種借金を抱えていた。それでも彼女は、自分の生き様に誇りを持っていた。債務の整理のため弁護士事務所に同行したとき、ご年齢もご年齢ですし、と「善意で」自己破産を勧める弁護士に彼女は毅然とこう言った。「借金は働いて返しますので、自己破産なんて絶対にしません」。七〇代の女性といえば、若かりし頃は、「結婚して子どもを産むのが当たり前」の圧が強かった時代の女性だ。もちろん彼女のように働き続けてきた人がいなかった訳ではない。しかし、私だったら、その圧を跳ね除けて、仕事に生きる選択肢を持ち続けられただろうか。それほど真剣になれる仕事を見つけ、そのために技術を身につけられただろうか。帰り道、私は彼女の後ろを歩きながら、七〇代であるにもかかわらず、そのシャンとした背中に敬意を抱いた。心の底から敬意を抱いた。「強さ」に触れた気がし、感動すら覚えていた。援助-被援助関係からはじまったというのに、その非対称性を超越するような瞬間は確かにあった。それは、金銭管理ができないとか、安物の服は着られないとか、そういったとても小さな「できなさ」などとは異なる次元での、圧倒的な「人間としての強さ」であると思い、その一瞬のみ、援助関係が無効化するという不思議な経験をしたことも確かなことだ。これはロジャーズが感じる「一瞬」なのではないかと思う。そうして私は彼女に、その時感じたことをそのまま伝えた。すごいですね、とか、そんな類のたいしたことのない言葉を。すると彼女はこう言った。「ああ、すっきりした。景気付けに叙々苑に行きましょう。奢るわよ」と。危ない危ない。ついうっかりのるところだった。自分の使命や立場を思い出し、「いや、和子さん、やめておきましょう。借金が増えます」と私は言った。「指導」でもなく、迎合するでもなく、(結果的に)「人と人として」本人が考えることとは違う意見を表明した。和子さんは「今さら四万や五万増えたところで変わらないわよ」とかわす。二人の焼き肉で、五万とかいくの凄いな、と的外れな驚き方をした私に、和子さんはこう言った。「まあ、あなたがそう言うなら、やめておくとしましょうか」と。

脚色はあれど、文字にしてしまうと実に陳腐なやりとりだ。「借金のあった女性」を「受容」することによって「関係性の構築が進み」、助言を受け入れてくれた、というだけのことだ。しかしその中には、私が、彼女の生き方を認識し、違い、を受け入れ、違いから弾き出された結果がどうであれ、そこに敬意を持ったことで非対称性が無効化される瞬間があり、彼女はそれを「受容」と受け取り、人と人としての関係性が形成され、「対話的な関係」になったということである。そして、この簡単なように見えるプロセスには、実に複雑な難しさがあるのだ。

私は第一章の中で触れたように、その時その時のクライアントの思いに応えていくことで、パターナリズムを回避しようとし、自らが纏っている価値観を相対化して権力関係を無効化しようとしたり、自らの人生を主体的に生きる努力をすることでクライアントを振り回すことがないよう気を付けたりしている。これをどのように解釈すべきか。稲沢公一は、先のロジャーズとブーバーの対談を参照しながら、援助関係の本質を探ろうとしている。氏はフロイトの理論に触れ、フロイトは不透明な存在として身を隠そうとした、と述べる。またロジャーズが「無人格」の透明な存在として姿をくらませようと努力したと述べる。私が気を付けていることもまた、それに近いニュアンスのことであると考えられる。私はこれを研修等では「自分自身をフラットな状態にする」と表現して、伝えているのだが、援助関係で「我‐汝」の瞬間を経験するためには、必要なことではないかと思う。そして、稲沢は、その瞬間にこそ、援助効果がもたらされるという事を指摘する。5

援助関係は、実にふんわりと語られがちである。そこで、「何が起こっているのか」という事があまり検討されてこなかったように思う。だから、私はこの本を書いたのではあるが。

「対話をします」という支援者は多い。じゃあ、対話をすると何がどうなるの？　と聞くと、「クライアントの自己肯定感が高まって自信がつきます」という答えが返ってくる。では、対話が自己肯定感の高まりを促すのはなぜか、ということや、自信がつく、というのはどのような状態になることであるのかについては、多くの人がよくわかっていない。よくわかっていないから、対話風、の何かが横行してしまう。

私は稲沢の文を読みながら、こみ上げるような感動を覚えた。氏は最後にこう締めくくっておられる。

非対称性を根源的に選び取ること。そのうえで、無力さを共有する新たな関係性を取り結ぶこと。そうした瞬間について論考すべき課題は決して少なくない。それどころか、それは、いまだおぼろげにしかみえない瞬間にすぎないし、無限にあるたった一つの有り様にすぎない。しかし、それは、援助関係の可能性をその最奥において垣間みせてくれるほのかな光であるようにも思われる。6

氏が言う、無力さを共有する関係性とは、当事者になれない私たち支援者とクライアントの間に発生する「無力」である。私たちは、さまざまな形で「力」を使うが、そもそもが無力でもある。そして、クライアントではなく、私たちもまたクライアントの問題そのものに対して「無力であり」白旗をあげるその瞬間は確かにある。私は和子さんの借金を払えるわけではない。そういった二重の意味で無力である。先だって尾崎新の『「ゆらぐ」ことのできる力』や

『現場の力』を読んだ。とても良い本で、じわじわと染みるものがあったのだが、何か寂しさというか暗さがある。それは私自身が支援で感じる暗さでもある。権力や非対称性、という事を考えたときに、「対話」とやらが茶番であるのではないか、という不安や後ろ暗さが常にあるのだ。そして尾崎の本の中では、そんなシチュエーションが丁寧に描かれている。迷いをまとう仕事、なのだと思う。迷いながら、無力を共有していくというプロセスは非常にしんどい。そして暗い作業である。しかし、そこに向き合ってこそ、「対話」の瞬間が訪れ、援助効果が最大化する、そんなことを稲沢の文を見て感じ、胸が熱くなる思いがしたのだった。私にとっても、それは一筋の光のように見えたからだ。

■注

1　これについては、コロナ禍において、ひどく痛感した。「結局のところ、自給自足が最強じゃない？」と思い、野菜の栽培を始めたということがある。鷲田清一は、物理学者である寺田寅彦の言葉を引用しながら、文明社会においては、局所の災害が波及しやすく、我々人間は、無力な存在になってきていると述べる（鷲田清一〔2016〕『人生はいつもちぐはぐ』角川ソフィア文庫）。私たちは、文明に依存しすぎて、「生きるために必要なこと」をする能力を低下させてしまっている。山に登るたびに、江戸時代の人はここを日常的に歩いてきたのか、と思うし、高齢者の中に、そういった生きる知恵や体力を垣間見ることも多い。もちろん、昔に戻るべき、とは思わないが、私たちは大きな流れで見ると、人のことを馬鹿にできないほど無力な存在であることを、意識したいと思う。

2 「初恋の悪魔」（日本テレビ）第六話より筆者が書き起こした。

3 本エピソードについては、息子に掲載の許可を得ている。

4 ロブ・アンダーソン、ケネス・N・シス編著　山田邦男監訳、今井伸和、永島聡訳（2007）『ブーバー　ロジャーズ　対話　解説つき新版』春秋社。

ブーバーは、「何しろ、あなたが対等になるためには、彼に何かを与えるのは、あなた（・・・）なのです。あなたは、彼との関係において、彼の不足を補う（・・）のです」という本質的な役割の違いから「我－汝」の関係性の重要な要素である相互性を欠いた状態であることを指摘する（同著：136）。一方で、「たぶん本当の変化が起こる瞬間においては、えー［三・〇秒］私がその瞬間に相手をありのままに見ることができ、また相手も、理解され受容されているということを真に感じる、このような意味において、これは相互的なのではないでしょうか。そしてそれこそ（・・）が、相互的であるということであり、これこそがおそらく変化を創造するのだろう、と思います」（同著：134-135）とロジャーズは述べる。

5 古川孝順、岩崎晋也、稲沢公一、児島亜紀子（2002）『援助するということ』有斐閣

6 稲沢公一（2002）「援助者は「友人」たりうるのか――援助関係の非対称性」古川、岩崎、稲沢、児島：196。同著の中で稲沢は、「援助関係とは、当初の目的が消去されることによって、その目的が最大限に達成さえるような逆説的な関係性だということになるのである」と述べている（p178）。この逆説性こそが、支援の苦しさなのかもしれないと思う。

第四章　価値について語る

1　福祉国家と支援と価値

福祉という仕事は、「地味さ」というネガティブさを伴って語られる。いわゆる3Kに近いものであることも一因かと思う。汚い（確かに汚いものは目にするし触れる）、きつい（対人支援独特のきつさ、体力的なきつさ、人にもよると思うがきついことは結構ある）。命にかかわる危険は多くはないが、ごみ屋敷に落ちている五寸釘を踏んだり、猫屋敷で猫に襲われたりしたことはある。そして給料が安い。選ばれない仕事、誰でもできる仕事、どうしようもなくなったら福祉、福祉でもやるしかないか、みたいな文脈で語られる。その社会的な目線はとてもよくわかる。福祉は大事だし、なり手がいなければ困るので、福祉の従事者に十分な給与を、という声はあるが、自分がやろうかな、とはなりにくいのもわからなくはない。先に触れたように、私たちは、「周縁」を対象にする。消化できない「ネガティブなもの」に触れる。ため込まれた「ドロドロしたもの」を表象する現象に出くわす。装いをおしゃれにしたり、福祉ってカッコイイ、みたいなキャッチコピーを出してみても、やはりどこか歯が浮くようなおさまりの悪さを感じてしまう。

そもそもが、福祉と資本主義の関係性にまでさかのぼってもよかろうと思う。仕事、つまり賃金労働として福祉を生業にしているものの、本来資本主義の純粋な思考においては、「市場に任せておけばなんとかなるだろう」というのが前提である。しかし、何とかならないこともあるし、「人権」という近代の（もちろん良い意味での）視点がある以上、何とかならないものを放っておくわけにもいかない。そこで、資本主義の補完機能としての「福祉」の概念が登場する。その割合やベースとなる考え方についての分類をおこなったのはエスピン・アンデルセンという人だが、アンデルセンによると我々が暮らす日本という国は、資本主義をベースとする自由主義レジームと、家族主義をベースとする保守主義レジームの側面を持っているという[1]。

これは、具体的な制度の在り方、家族の在り方、市場の在り方によって規定される。民営化がさかんに進められて、国家機能が小さくなっていく中で、アメリカ化しているという事も出来なくはない。基本は、資本主義にて経済活動をして生計を立てることが第一義的に求められ、そこからやむを得ず零れ落ちた人たちや家族のセーフティネットにありつけない人たちが福祉の対象となる。このうち、介護や保育の領域の福祉サービスは従来は、家族の中で担われていた。幾多の女性の人権を踏みにじりながらの形であったとは言え、それはそれで機能してきていた。それらを社会化したものが、介護サービスや保育サービスである。マンパワーでしか対応できないという特性があるので、人件費がかかる。当然に「金を食う」。一方で、「生産性」

と呼ばれるものはあまりない。基本的には失った機能や足りていない部分を埋めて、ほかと同水準の状態を保つという事に主眼が置かれるため、イメージとしては穴を埋めていくような仕事である。

ここにどんな意味と価値を見出すか。我々支援者は「本能的に」その苦悩を抱えることとなる。私個人としては、人間は結構生産的な生き物であると思う。生きるため、食べるためでもあるが、何かを作り出すという事に喜びと歓びと悦びを感じる生き物であると思う。それを感じられないとき（鷲田清一の仕事論の中で触れられているエンドユーザーに触れられないことによる意味の喪失にも似た状況だと思うので、この危機感自体は福祉だけに限らないのかもしれない[2]）、「自身の存在価値が揺らぐ」。

バブル期に建築にかかわった人に相談の現場で多く出会ってきたが、「あのビルは俺が作ったんだ」「あの道路は俺が作ったんだ」とみな誇らしげに語る。何かを作るというのはうれしく誇らしいものなのだと思ったものだ。たとえビス一本打っただけであっても、明確に、その生産物に「寄与できた」ことを実感する。これは非常に大きな意味を持つ。

私たちには、それがない。もっと言えば、介護は、「死ぬ」を前提として実施される営みである。どんなに手を尽くしても「死ぬ」。「消滅する」その事実がある。私たち福祉の人間は、マイナスをゼロにするような働き方をするが、最終的には、その対象そのものが消えてしまったりする。介護職についたかつての旧友は、「利用者さんの死に涙が出なくなったら、この仕事をやめようと思う」と口にした。いくつもの、「足りていないもの」を埋め、「足りなくなっていくもの」を補いながら、人の人生を見送り、最後は何もなくなってしまうという仕事に彼女は価値を見出せたのだろうか。私は価値を見出せるのだろうか。

そこでこう思い直してみる。「どのように死ぬか」が大事である、と。つまり「意味」の世界を考えるようになる。私たちの住む世界は「意味世界」である。私は目の前でアハアハ笑う毛むくじゃらの生き物を「犬」と呼び、さらには「家族」として意味付け、情愛の対象としている。「物体」や「現象」に意味を持たせながら、私たちは日々を泳いでいる。家を出るときに、カアカアカラスが鳴いていれば、「不吉〜」と思う。物事に「意味」をつけ、「快不快」「良い悪い」の価値をつけていく。老いてゆく人がケアを受けることで、その臓器がよみがえることはおそらくない（何らかの活性化が起こって一時的に機能回復をすることはあるかもしれないが、いずれにせよ、最終的には死に至る）。であるのならば、その死の意味を、その生の意味を、「意味あるもの」「幸福なもの」とすることに注力しよう。旧友が言うように、死を悼み、涙することは、そこに確かに人としてのクライアントが生きてきたという「痕跡」と「意味の連なり」を産物として残す。言葉にするととても陳腐になるのが難点だが、ご家族がきて、最後あなたたちにケアされて、母はとても幸福そうでした、家ではきっとできませんでした、という言葉が「産物」となって目の前に置かれる。「幸福な生の痕跡」という形なきものを創造する。そんな仕事なのかもしれない。涙が出なくなるという表現は、クライアントは、人ではなくただのクライアントとなるということを指す。形式通りの処置が行われ、流れ作業で対処されていくあり方になったとき、その人の生の意味さえも薄らいでいくような空虚なときが流れる。

福祉の世界、特に障害者運動の中から言われるようになったのは、「ＡＤＬからＱＯＬへ」ということで、ＡＤＬ、つまり身体的な自立ではなく、生活の質、人生の質を高めるという考え方への転換がはかられたのは、一九七〇年代〜八〇年代にかけてのことだ。それ以前は身体的な不自由さを解消すれば、おのずとＱＯＬも上がるという素朴な感覚があったのだろう。歩けさえすれば、見えさえすれば、万事ＯＫじゃないかというその感覚は、過剰なリハビリと、同調圧力をもたらし、気が付けば、リハビリのためのリハビリという現象がまかり通るようになっていた。それに対して障害者は異議をとなえた。治りもしないのに、リハビリをやる時間があれば、車イスにのって町に出よう、と。それはまさに、「価値からの離脱」であり「価値の創造」の可能性を有する大きな出来事だったように思う。身体機能がどうであるかではなく、どのように生きるのが幸福であるのか、ということだ。これは私にとって目からうろこともいえるような考え方であった。

思えば私たちは、なんだかよくわからないものに、がんじがらめになっている。しかし、それは、本当に大切なことなのだろうか。私たちは、命があることもさることながら、どう生きるのがその人にとって、人間にとってよろしいのか、ということを始終突きつけられている。

身体が不自由であっても、失業中であっても、昼夜逆転していても私たちは「生」の営みの意味世界で生きている。動かない足にネガティブな意味を与え、失業にネガティブな意味を与え、昼夜逆転にネガティブな意味を与え、場合によっては二次障害へと陥っていく。私たちはネガティブな意味にとらわれ、どんどん具合が悪くなる。かつて出会った人は、失業中であったが、職業欄に「自由業」と記述していた。なるほどな、と思った。無職、ではなく自由業。そもそも労働とは何なのか、職とは何なのか。じっくりと考えることも許されない中で、私たちは仕事をしていないということについてのネガティブな烙印を内面化する。

私は、福祉が価値をもつのは、人を助けるという行為そのものに付与される「価値」（宗教的に言えば「徳積み」）という側面がある一方で、社会における「脱価値」とそれによるオルタナティブの余地の模索、幸福追求のための想像力（創造力）という側面を意識した時ではないかと思っている。

社会を変えるのは、直接的には政治である。しかし、社会は変えるものであると同時に、変わるものでもある。人の手が及ばないような事態が予測不能に次々と出てきて、社会は変化していく。政治の中で、意図しておこなったことが、予想外の影響を後世に残すこともある。現に、コロナ禍での保健所の電話の繋がりにくさは、保健所の人員削減の結果であったりもするし、もっと言うと、九〇年代後半の民営化という政治の帰結でもある。そのころの政治の方針である派遣法の規制緩和も、時を経て、少子化を大きく進行させるという結果や、氷河期世代の非正規労働者の大量排出という結果をもたらしている。あと二〇年もしないうちに、身体が限界になった氷河期の非正規労働者が生活保護に流れてゆくのだろう。世を司るものに求められるのは、その意図しないマイナスの結果をいかに長期的かつ広い視野で予想できるか、ということなのかもしれないと最近思う。ともあれ、政治、経済、テクノロジーの進化、人々の意識、自然災害、国際情勢等いろいろな要因で、私たちの社会は変わっていく。政治が手を打つよりも先に、「釜の底が抜けるように」第三の社会が始まっているように思う。もちろん、第三の社会が、ユートピアというわけではなく、取り付く島もないような残酷な社会が訪れる可能性だってある。

そして、現場で支援に関わっていると、それを象徴するかのような新しい現象に出くわす。つまり、私たちは第三の社会の入り口を見ているのだ。既存の社会の歪みとして表出されている現象が、クライアントの中に苦痛として鎮座する。私たちは、その苦痛の根源を探りながら、社会を見る。その生を目の当たりにしながら、怒りや悲しみをぶつけられながら、何が正しいのかを考える。新しい現象は言語化され、問題視され、新しい介入方法や意味付けが行われる。ここで、どんな風にその意味を考え、社会に向けて発信するか。そこにこの仕事の価値があるように思う。

不登校などは最たるものではないだろうか。私が子どものころは、学校に行けないというのは、とんでもなくネガティブな文脈で語られていたし、実際に嫌でもなんでも学校は行くところという文化の中で育った。しかし、不登校が増加してくるにつれて、不登校と呼ばれる現象の中にいる子どもたちの状況が見えてきた。支援をしていると、かなりの割合で不登校の子どもを抱えた家族がいる事に気づく。また、息子の学校にも、クラスに複数人は不登校の子どもがいた。しかし、ふと思うのだ。「学校に適応することはそれほど大事なことなのだろうか」と。育っていない大人が増えたという印象を持ってはいるが、それは不登校であってもなくても同じだ[3]。私たちは、子どもたちの精神世界を覗きにいく。そこには、その子の世界がある。学校という箱にいれた瞬間にモノクロになってしまうような繊細さを伴う子にも、確かに色彩を帯びた世界がある。大人がやらなければならないことは、無理やり学校に嵌め込んでいくことではなく、その子の色彩を大切にしながら、外の世界と接触できるようにする強度を育てていくことであり、モノクロの世界観をまとわせてまで、適応させることはない。そんな考え方は、一部の支援者の中で共有されている。本当は多くの支援者が共有すべきことであり、字面の上では共有しているが、共有しきれていないことでもある。多くの支援者が、結局のところ優しく諭すような形で「学校に行くこと」を目標に置いてしまう。それは、既存の価値への追従に過ぎない。一方で、フリースクールという選択肢が増えてきている。またテクノロジーの発達によって、学校という形以外の学習方法も多様化している。

人間には、無理をしなければならないときはある。越えなければならないときに越える必要はあるが、既存の枠組みに対し、朝嘔吐するほどの拒否反応を起こす場合、もはや「学校という装置」自体に子どもたちをはめ込むことに無理が出ているのではないかと思う。私は学校という存在がとにかく嫌いなので、なおさらそう思う。価値が多様化した現代、家族の形も多様化した現代、学校の先生に求められることが肥大化している現代、先天的な発達障害児が増加している現代[4]、ネットも含めたメディアへのアクセスが容易になった現代、いじめの構造が複雑になっている現代、子ども同士の幼少期のかかわりも少し変化しているように見える現代において、学校という装置の持つ「ノーマル人間の大量生産」の側面は、随所で目にする「ダイバーシティ」というメッセージと真逆に機能する。かつてそんなことを論文で取り扱ったことがある。個性重視といえども、それは、社会的に肯定的な個性に止まると指摘したのだが、その構造に、今の子どもたちは否応なしに直面してしまう。自由であって自由ではないという相反するメッセージを受け取ってしまう。これはきつい。そんな風に「不登校」という現象一つをとっても、そこから透けて見える社会というのはある。それを、「発達障害かもしれない」「スモールステップで」「寄り添いで」とゴリゴリ既存の枠組みに戻していく支援は、本人が本当に望んでいる場合においては、良いものなのかもしれないが、根底への疑いの眼差しのなさという点では、既存の社会への当てはめ支援となる。もちろん、支援者自身が逡巡ののち、やはり学校で得られたものは大きかった、と思うのであればそれを表明することになんら問題はない。クライアントに迎合することが支援ではない。支援者自身が、いろいろなものを相対化した上で、「自分はこう思う」と述べることから出なければ対話は始まらない。大切なことは、無批判無自覚に、既存の社会をベースに常識を振りかざさないということである。

2　制度や支援の根底を流れる水脈を感じる

一九五一年、社会福祉事業法ができ、社会福祉の供給主体についてのあり方が規定された。これは、敗戦後、憲法が改正され、憲法第二五条が制定され、福祉国家としてのあゆみを始めた我が国が、いかなる体制で福祉を供給するかということを定めたものである。一九五〇年に社会保障審議会が行った「社会保障制度に関する勧告（五〇年勧告）」[5]には、社会保障の体系づけがなされているが、これを指針として、社会福祉事業法が成立している。高度経済成長の中で、社会保障の拡充が叫ばれるようになり、右肩上がりの経済がそれを下支えるかたちで、出来上がってきたのが福祉六法である。また好景気の時には、高齢者の医療費無償化なども実施されたが（短期間で廃止となっている）、高齢化の急速な進行、バブルの崩壊をへて、九〇年代以降は少子高齢化や、介護問題が大きく取り沙汰されている。ゴールドプラン、エンゼルプランなど、さまざまなものができた。二〇〇〇年になると、契約制度が導入されると同時に、社会福祉事業法は、社会福祉法となって大きく変化を遂げた。大きな変化は社会福祉事業法が、供給者の視点に立っていたことに対し、社会福祉法は、利用者主体の視点が盛り込まれていたことであると言われる。また、契約概念の導入とともに、付随する形で、成年後見制度や日常生活自立支援制度（設立当時は地域権利擁護事業という名称）が導入された。

バブル崩壊から平成大不況を経て生活保護の受給者数は右肩上がりになる。さらに追い討ちをかけたのは、二〇〇八年のリーマンショックによる派遣切りである。平成大不況の頃に就職できずに、非正規となったものたちが職と家を一度に失うという事態が発生し、生活保護における「その他世帯」が増加した。これと時を前後して、生活保護のなかでは、自立支援プログラムが策定されている。その後、伴走型支援等の必要性が説かれるようになり、生活困窮者自立支援法が成立している。もちろん各論で見てゆくともっと細かな変遷があるし、理念の変化も見過ごすことができない。

私は、とある市で生活困窮者自立支援法に定められた自立相談支援機関の立ち上げを行った。それまで生活保護の面接相談員をしていて、あと一歩事前に手伝えていたらこの人はここまで困らなかっただろうに、誰か手を貸してくれる人がいたらこんなに傷つかなかっただろうに、という状況に幾度も出くわしてきた。だから、生活困窮者自立支援法ができて、生活保護の一歩手前の相談窓口、しかも困っている人であればだれでも使えるという制度は非常に魅力的に見えたし、実際にそこに携わる可能性が高い現法人に転職した。そして、実際にこの制度は魅力的だと思う。理念法なので、動き方の制約が少ない。また、ありがたいことに、所属の組織や委託元にも恵まれてきたので、必要なときに必要な支援を柔軟に提供できるということがとても心強かった。

しかし、三年くらいたったころだろうか。国の研修でさかんに「地域づくり」が言われるようになった。その先陣を切るように、と。地域が大切であるというのは、全く異論はない。仕事や学校、家族等のコミュニティを失った人にとって、最後まで残るのが、地域というコミュニティだからだ。だが、研修で引きこもりの青年を自治会長含めた支援会議で支援しました、という事例が出されたりするたびに違和感を覚えるようになっていったのだ。違和感と共に、じゃんけんで負けて会長をやらざるを得なかった地元の自治会長の顔がよぎった。……え？じゃんけんで負けて渋々会長になった人に、ひきこもりの青年の個人情報を渡すの？　と。また、現役世代もいる自治会で、どこまでそんなことが引き受けられるのだろうか、とも。ここにもまた、見守りなのか監視管理なのかわからない意図が見え隠れしているように思えてならなくなった。また、日本が、家族や地域の含み資産をあてにする福祉を展開してきたことはよく知られていて、またもや地域を隠れ蓑にして、社会保障の削減がなされるのではないか、という懸念も浮かんだ。実際、社会保障費の増大は国の懸念事項であり、公共サービスに依存しない地域の在り方をという動きも多い。かつては、家族や地域でやっていたことが、その機能を縮小していく中で（要は地域社会の崩壊と言われる状態）、公共サービスが充実してきた側面は多い。それをまた、壊れてしまった地域社会に押し込めようとするのであれば、その手助けをするのは私はごめんだ、と思った。

もし、引きこもりの青年を担当していて、地域で育ってきたその人が、地域からでなければ社会と繋がっていけない、地域であれば安心して繋がっていけるというのであれば、いくらでも自治会長を説得しようと思う。しかし、ニーズを地域に押し付けてしまおうという意図が見え隠れする政策には乗りたくない。これは私の矜持だ。生存権の保障は、地域の責務ではなく国の責務なのだから。そして、それが本当にクライアントのためになることなのか。地域で包囲網を作ってしまうようなことにはなりはしないだろうか。第一章で指摘したような「支配や監視・管理」と「見守り」の分水嶺は、支援者よりも不明瞭になっていくのではないだろうか。

こんな風に、制度には意図が隠れていることがある。また、根底には国家が持っている「観」がある。その「観」が本当に正しいものなのだろうか、と私たちは常に考えねばならない。どちらを向いて仕事をするのか、という事なのだと思う。場合によっては、聞こえの良い言葉の元で、住みにくい社会や排除を推し進める力に加担してしまう、そんなことさえありうる。

福祉は発展してきた。制度としても、であるが理念的なものも人権概念の発展と共に発展してきていると思う。一方で、通底しているものは変わらなかったりもする。一方でこれもまた、地域福祉の推進、という誰もケチをつけられない題目の中で行われていたりするのだ。障害者自立支援法に先だって成立した支援費制度は、案の段階では、家族の所得をベースに利用者負担が決まっていた。これに対して、障害を持った人たちはNOを突き付けた。これは、家族主義が根底にあるという事であったり、障害を持った人は、保護的な立場として見られていて、家族の庇護下にあるべき、とされる「観」が見え隠れしていたことによる。だから、私たちは、日常的に行う支援活動を支える水脈の色をきちんと見なければならない、と思うのだ。

3　岸 - 仲村論争

今、私のなかで、再び岸 - 仲村論争がアツい。我ながらちょっとキモい表現だと思う。岸 -

仲村論争。それは、社会福祉士であれば誰しも一度は触れたであろう論争である。社会福祉士国家資格のテキストには必ず載っている。暗記して忘れたという人もいると思うので、ざっくりと振り返ろう。議論の中心は、ケースワークを誰が行うべきか、という点に絞られている（原典へのアクセスができなかったため、細部は二〇〇五年出版の『戦後日本社会福祉論争』〔法律文化社〕の中におさめられた加藤薗子によるまとめを参考にした）。

岸は、ケースワークを公的扶助から切り離すべきだと主張する。これに対して、仲村は、公的扶助は、ケースワークと一体に行われるべきものであると反論する。岸が、分離論の立場をとる理由は、こうだ。経済的な困窮は、「経済政策」によって解消されるべきであり、受給者への「個人的な」領域への介入を持って図られるべきではない、また、ケースワークを公的扶助機関（つまり福祉事務所）が行うことは、必ず受給者に対する権利侵害をもたらす、とする。これに対し、仲村は、自己決定権と主体の尊重を持ってケースワークを一体的に行うことが肝要であると反論する。

名指しの論文というスタイルをとり、バチバチの批判的態度をとるありようは、第二章で見てきた対話のない社会を生きている私にとって、新鮮でさえある。

私の仕事は生活保護行政に非常に近い。ケースワーク業務の委託化が進むに連れて、岸－仲村論争は私の中で再び大きくなった。加藤が指摘するように、その前提は噛み合わないように見える[6]。また、結局のところ、この論争はカタがついていない。だが、現場のなかで、ケースワーク業務とその在り方を見た時に、どちらの論も重要な意味をおびているように見えるのだ。そして私の中でも、結局結論が出ていない。仲村の言うことは正しいように思う。ケースワークを給付から切り離すのには、無理がある。なぜなら、困窮というのは、第三章で触れたように、仕事さえあればよいということではなく、メンタルの課題や、能力の問題、取り巻く人間関係の問題など、通常複数の要因が絡まっていて、受給者はディスパワー状態に置かれていることが多い。もちろん、当時の困窮観は今とは違ったであろうし、今ほど複雑な社会ではなかったことを踏まえると、経済政策によって就労の場を提供するということで解消された貧困も多かったようには思う。しかし、岸の論には、受給者像というのが全く見えてこない。これに対して、仲村の言う主体性の取り戻しのために給付を利用して歩む人間像というのは、私の考えるケースワーク像に近い。「仕事」に向かうまえにまず、「主体性を取り戻す」ということが求められる。ケースワーク（やソーシャルワーク）はここに介入する。仕事を提供するのがケースワークではない。実際に支援の現場にいた青木尚人は「そういった意味では、仲村のいうケースワーク像は、とてもリアルなものであるように見える。金銭給付からケースワークまで一連の流れで受給者の生活に関わることができる仲村説にこそ受給者本位の支援ができる素地があると考えられる」[7]と仲村の論を支持している。

しかし、岸の指摘には、非常に重要な点が二点ほどある（一点としても良いが、ここではあえて二つに分けたい）。一つは、給付の持つ権力性に言及し、権力を持つものがケースワークを行うことの矛盾を指摘する点だ。全くその通りだ。保護の要否を判定する存在であるのがケースワーカーである。つまりは金を得られるかどうかの決定権を握っている人の前では、受給者は黙るしかない（もちろん中には黙らない人もいるし、黙らないからといって保護を切られるということも基本的にはない）。また、もう一点、岸は、ケースワークが人格の発達を目指すものであるならば、ケースワークを現業員が行うことは、必然的に人権侵害をもたらすと述べる。確かにこれもまたその通りである。ケースワーカーが働きなさい、というとき、その言葉は「働かないと保護切りますよ」と受給者に届く。そこに、本書の中で散々触れてきた「メインストリームから脱却する生き方」を許容する余地はなく、既存の社会への適応を促すものとなる。勤労が義務であることはさておくとして、本当にそれが正しいのか？　ということだ。七〇年代の障害者運動が主張してきたように、「我々を排除してきた健全者の社会がそんなに良いものなのか？」という命題と同じものを感じるのだ。また、ケースワークを現業員がやることの危険性は他にもある。それは、「私的領域への踏み込みはどこまで認められるのか」という点である。通常官は民に気軽に介入できない。それは、自由な市民生活に対する公権力が入り込むことは、権利の侵害に他ならないからである。役所の人間がきて、部屋を片付けなさい、などと言われることは、通常想定していないし許される事でもない。それを、ケースワーカーはやれてしまう。これは怖い。オチオチ安心して暮らせない。ゲーム禁止条例とやらが香川県でできたが、あの条例を見たときに、公権力が私的空間を制限することへの違和感を拭えなかった。私的空間での自由な活動というのは、それこそ公共の福祉に反することがない以上は当然の権利である。

一方で、福祉の現場には、どうにもならないことというのが存在する。例えば、ゴミを出したいと考えて、自分でゴミをまとめた。ゴミ関係の機関は、家の前（公道）までは取りにいけるが、部屋のなかまで入ることができない。ところが、本人は、介護認定申請前でヘルパーがついていない足の悪いおばあちゃんで、必要なものは配達でまかなっており、なんとか玄関まで這っていって、商品を小分けにして冷蔵庫まで運ぶという生活をしていた。玄関まではゴミ袋を持てても、ゴミを公道まで出すことは難しい。この玄関から公道までのごみ運搬をやってくれる人は、お金を出すサービスかインフォーマルな資源に近い性格のものとなる。シルバー人材さんであるとか、友人であるとか家族であるとか。こういうインフォーマルな資源がない人、そしてシルバー人材を頼むお金もない人については、誰かがやらねばならない。結局のところ、それができるのはケースワーカーだけということになる。保護がかかっていなければ、どうにもならずにゴミ屋敷化していく。電球の交換とか、立ち退きをせまられて、新しい家も確保しているのに、絶対に動きたくないと粘っている人の説得だとか、その誰もできないようなことをやらねばならない人は確実に必要なのだ。それをケースワーカーたちは、「こんなことをやるために公務員になった訳じゃないのに」とぶつぶつ言いながらも、公として市民の生活を守るために、「しゃあねえなあ」と言って出向いていく。

岸 - 仲村論争が内包している福祉の現場の課題は、実は第一章で述べてきたディレンマのようなものと同種のものではないかと考えている。見ることをやめるわけにはいかないが見ることは常に権力となりうるというあのディレンマである。介入しすぎたり、権力を持ってずかずかと人の行く方法を規定してしまうことと、自由である権利、監視されない権利の間を行くような仕事の性質であるようにも思う。

もう一つ。岸の言うように、ケースワークを切り離す場合、それは、当然ながら、福祉事務所以外の誰かがやるということになる。福祉の多元化は具体的には二〇〇〇年を前後して起こってきたが、一体その担い手をだれがやれば「生存権の保障ができた」と言うことができ、生活保護法第一条に定められた「自立の促進」を可能にすることができるのだろうか。福祉事務所のマンパワーには限りがある。民営化の流れを汲んで、公務員数は極限まで切り詰められ、もはやケースワークを福祉事務所が担うのは限界があるようにも見えるという現実的な側面がある。一方で、労働力不足の昨今、委託事業に出せば生存権が保障されるという確信を持てるのだろうか。福祉の文脈ではないが、二〇二三年の夏、大手の給食会社が給食提供を突然休止した。どうやら、資金繰りが厳しくなったようだ。二〇一八年の夏、東京の自治体で、ゴミカレンダーが配布されず、ゴミ収集日がわからないというクレームが殺到するということがあった。これは、委託事業者のミスである。もちろん、発注にあたり、幾つもの審査をし、経営状態を確認し、体制を確認し、きちんと市民生活が保障されるような業者を選定するプロセス自体はある。これをもって、責任とするし、最終的に問題が起こると代替給食の確保のために役所の職員は走り回る。これをもって責任をとった、とすることも可能なのかもしれない。民間は最終的には逃げることが可能な存在だ。自治体は逃げられない。国民の生存権を保障するという責務を負った公は、何をどこまでどんな風にその責務を全うするのかということが問われているように思う。そしてそれはすなわち、国家のありようを反映するものである、とも。一方で、公が立たされている苦境も十分に理解しているつもりだ。公務員への眼差しは、やたら厳しい。これもまた、コロナのときに露呈したが、ここぞとばかりにボコボコにされる存在でもある。あいつらあんなにいらないから数減らせよ、と迫ったのは国民だ。都市部のケースワーカーの担当世帯数は、法定の八〇世帯を大きく超えることはもはや常識である。つまり、手足を縛られながら、あれもこれもやれ、と言われる状態であるのは間違いない。そんな現状の中で、どのようにして市民の生活を守っていくのか、また、どのような形であれば、生存権を保障しているのだ、と胸を張って言えるのか、考える時に来ているように思う。

4　ニッチな領域を仕事とすること

ニッチな領域だと思う。人生初の転職活動の時に、私はあえて生活困窮というフィールドを探していた。もちろん、三五歳のハードルというのが当時はやたら高く、いわゆる選り好みしている場合でもなかったので、高齢や障害等の組織にもエントリーはしたが。とにかく、生活困窮という枠での福祉職は少なかった。縁あって、生活困窮者支援を長く柱としている現法人に出会えたわけであるが、つくづく「ニッチな領域だなあ」と思う。いや、福祉業界自体は、これまで書いてきた通り「周縁」を扱うのだから、ニッチなのだと思う。ニッチな領域の中で、求人活動なんかをしていると、頭の中をいろいろなことがよぎる。そんな時だ。自宅のポストに求人のチラシが入っていた。福祉業界のものだ。ぎょっとするほどド派手な求人広告のそこからは理念は何も見えてこなかった。雇用条件は見えた。「あなたが輝ける」という趣旨の言葉もあった。輝くのはクライアントではないのか？　と私は混乱した。確かに、目を引く。興味はわく。しかし、本当にそれでいいのか、と。実際に私たちは「理念」を掲げて、その実現のために日々身を粉にするのだが、今、社会は本当にそれを求めているのだろうか、とふと思うことがある。クライアントに対して、邪険にするような態度では困るということは求められているのだろうと思う。明確にいじめたり、排除したりするようなことはしてはいけないというのは最低限社会の合意としてあるように思う。しかし、私たちがその幸福を願って支援をする人たちに対する社会の眼差しというのは、そこまで温かいわけではない。多くが生きづらい世の中で、例えば、就労支援をするにしても、「じっくりと本人の気持ちを聞いていく」という「タイパの悪い」ことが求められているのだろうか、と思うことがある。そして、原資が税金であるから「コスパも悪い」となる。

福祉業界に長くいて、良い支援、を考えていくと、このあたりにとても無頓着になる。じっくりと話を聞いて、クライアントの幸福を考えていくという事が当たり前のことのように思われるし、もちろん今も当たり前のことであると思うし、ここまで書いてきたように丁寧に支援をするためには、いろいろと深い慮りが必要になるし、私はそれが良いと思っている。しかし、思うときがあるのだ。「そんなに時間をかけて何になるんですか?」という眼差しこそが実はマジョリティなのではないか、と。思ったところで、やはり私は誰もが安心して幸福を追求できる社会であるのが良いと思うので、スタンスを変えるつもりは全くないし、長期的には全ての人にとって、そういった社会の方が良いと思うのだが、この社会からの要請への認識がないと、あっという間に自己満足の世界に行ってしまう。いわゆる「市民感情に配慮」というのは、ただ市民の顔色をうかがうということではなく、今社会がどのようになっていて、多くはどのようなことを望んでいて、本当にそれが皆が幸福になれるかどうかという点についての逡巡に基づく配慮をすることではないかと思う。つまり、関わるマジョリティにその大切さについて何等かの形で伝える方法を同時に持たなければ、閉じた世界での活動になってしまう。いつまでも、ただの「弱者救済」になってしまい、ソーシャルに開かれて行かない。

こんなやり取りを想定してみよう。オサムさんは、三〇歳で仕事で挫折した後、五六歳まで自宅で過ごすようになった。障害はないと言われており、身体的にも不調なところはない。私たち支援者は、本人の中で何が起こっているのかを知ろうとし、じっくり時間をかけて接触を試みる。小石を投げてみては反応を見るような近づき方だ。会えるようになるまで、五回でも六回でも訪問を続ける。それが良い支援だと思っている。しかし、世間一般の見方はそうではないだろう。「まだ働ける年齢で体も問題ない、障害もないんだから、働かせろ」と。ここまではっきりと言わないまでも、「五回も六回も訪問要りますかね？　働けても、自活できるほどになりますかね？」とか「人手不足の業界（＝介護だ!!）を紹介してみては？」などと口にする。私たちは、そこでやはり、こう返す（発信する）必要があるのだ。

「つらい気持ち、しんどい気持ちを抱えて動けなくなった時、ゆっくりと回復してもいいと言ってもらえる世の中の方が安心ではないですか？」と。

正直、私が考えるような福祉の在り方は、「時代」にはそぐわないのかもしれない。一般受けもよくないかもしれない。いわゆる「マイナー」だ。親からは、アンタは、どうも少数派の道を行く傾向があると言われてきたので、自分のスタンスがメジャーだとは思っていない。しかし、それでも思うのだ。本当に豊かであること、本当に幸福であること、を考え続ける必要があるのだ、と。そして、それはクライアントだけではなく、私やあなた、広くマジョリティを生きる人々たちや、未来の大人に向けても開かれていなければならないのだ、と。

5 気持ちだけ自然にかえり、創造する

かの有名な思想家、ジャン＝ジャック＝ルソーに似た言い回しだが、ルソーの思想で言うところの「自然に帰れ」ほど大胆なことを言うつもりはない。ただ、日々感じていることを言語化するとこのようになった。現場ではよく「社会資源が足りない」という事を耳にする。本当にそうなのか。もちろん、絶対的に足りていないこともある。福祉の民営化がなされたときの懸念事項が、「地方では参入が減る」ということだった。実際そうだろう。制度がないわけではないから、事業者自体はあるにはあるが、選べるほど多くない。通常の「店」と同じ現象だ。一方で大都市においては、飽和状態ともいえるほど、事業者が参入している。特に、デイサー

ビスや障害者の就労移行支援事業等は、数えきれないほどの事業者が参入している。疑似市場という枠組みのもとではあるものの、互いが「セールスポイント」を提示して集客している。クライアントは、自らに合った場所を選択することができる。これは、福祉がお仕着せだったころとはうってかわって、好ましい変化でもある。一方で、選択のための社会資源が多いという事が何を指すのかを考えねばならない。

例えば、運動重視のデイサービスがある。確かにリハビリ的な視点でも、介護予防的な視点でも、運動はよい。一方で、運動が大嫌いという人がいる。もしくは運動できる状態にない人がいる。その人たちには、このデイサービスを活用する「力」を持たない、もしくは不足しているという事である。心理的な抵抗感を払拭して、どれ、行ってみるか、となるためには、精神的な「力」が必要になるからだ。こういった状況に対して、デイサービスとしての機能はあるものの運動重視ではないというほかの選択肢がある。そうなると、本人とデイサービスという資源の間にある障壁が低くなり、運動重視のデイサービスよりも、「抵抗感なく」(弱い力でも)つながることができ、結果的にデイサービスという社会資源につながることができる。基本のサービス内容が同じでも、雰囲気、立地、オプション等によって、「より軽い力」でつながることができる。そういった意味では、「選択肢」は多い方が良い。

一方で、サービスがたくさんあることで、本人と社会資源の間の摩擦が少なくなるので、私たちは支援者としての「対話」の力を使わずとも済むようになる。繰り返すようだが、サービス（社会資源）が多くあるのはよいことである。しかし、そこに落とし穴があることを、私たちは意識しなければならないように思う。前章の注で、私たちは意外に何もできないということを書いた。私は（多分）火を起こせないし、（多分）猪を狩れない。それは、自分で火を起こすよりも、力をかけずに火を手に入れることができたり、自分で猪を狩るよりも、力をかけずに食料を得ることができたりする文明に依存しているからだ。もちろん、タイトルの通りに自然に戻るつもりは（今は）ない。ただし、私たちは「便利なもの」があると、自分の能力を使わずに済む＝やらない＝できなくなる、ということがある。

社会資源はあるだけでは使えない。そこに「力」が加わることで、利用可能になる。第三章で書いたように、本人がその力を持たない場合に支援者は、自分の力を、過不足ない形でそこに注ぎ込むのだった。具体的には、足の力であったり手の力であったりもするし、「対話」が本人の力を引き出すという事であったりするということだ。しかし、今は使える資源が多い。歳をとる。介護が必要になる。何もなかった時代は家族がみてきた。二〇〇〇年、介護保険法が施行され、介護に関する社会資源のメニューが格段に増えた。ケアマネや包括（包括は二〇〇五年からだが）という制度ができ、サービスのコーディネートや包括的な相談に基づいて、資源の活用ができるような制度ができてきた。しかし、「あそこにつなげばなんとかなっちゃう」ということで、ソーシャルワークの必要なく、クライアントを社会資源につなぐことができるようになったということで、「誰もやらない領域」というのが発生した。サービスメニューが増えることで、より弱い力でつながることができる。支援者の側もより弱い力でつなげることができる。そのことで、どんなに小さな力で済むとしても、本人にとって障壁でありうることが見落とされてしまう。

例を挙げてみよう。A市には、かつて障害者の支援と言えば、「作業所」が一つしかなかった。所在地はB町である。A市の面積は広く町の数も二〇ほどあった。鉄道の駅は三ヶ所しかなく、C町はB町から二〇キロほど離れていた。バスを三本乗り継ぐ必要があった。

C町に住むさんチヒロさんは軽度知的障害の女性である。かつての「特殊学級」に在籍し、中学を卒業した。親と本人は、作業所に通うことを希望していた。この時、チヒロさんのニーズにこたえようとすると、何とかして、C町（チヒロさん）とB町（社会資源）をつなごうと必死になる。バスを乗り継ぐには、どうすればよいのか。チヒロさんと練習すれば行けるようになるのか。それとも、誰かが付きそってバスに乗るか、それとも車を買うしかないか、引っ越しをするか。それは当然力のいることばかりで、そういう状態がよろしくないので、サービスが発展してきたのだが、「何とかしよう」という動機が、「手段」を創造するというプロセスにつながってきた。障害を持った人たちが運動の中でやってきたことはそういう事なのだろうと思う。地域で過ごしたいという強い思いのもとで、ヘルパー制度を充実させ、バリアフリーに向けた取り組みをしてきたのだから。

そうして現在。障害者総合支援法の中では同行支援等の支援メニューが出来上がり、基本的には切れ目なくサービスがある状態である。そうなると、「あるものをどう組み合わせるか」に思考を変えねばならない。同行支援とヘルパーをどう組み合わせるか、それ以前に、もっと通いやすい就労移行支援事業所はないか、となる。創り出す思考とあるものを組み合わせる思考。どちらも大事なのだが、組み合わせる思考に慣れきってしまうと、創り出す思考の動機が薄れていく。不思議なものだが、クライアントにしっかりと対峙する契機や、サービスとサービスの間にある継ぎ目を、きちんとつなぐのが自分たちの役割であるという意識さえも希薄になってしまうのだ。この視点がなければ、いくつ資源を作っても、クライアントのニーズは満たせないだろう。例えばひきこもりの為の居場所を作るとしよう。家でも社会や学校でもない第三の場所というのは確かにひきこもっている人たちには必要なものかもしれない。そうして、居場所を作る。しかしそれでは、クライアントはなかなか出てこない。就職活動よりは心理的ハードルは低いので、一定数自力で来るようになる人はいる。また、プログラムという誘因によって、「来やすくなる」という事もないわけではない。しかし、やはり、そこには、行ってみましょう、という声掛けではなく、「行ってみようかな」と思ってもらえるような「かかわり」が前提なのだと思う。その関わり、つまりケースワーク、ソーシャルワークなしに、社会資源ばかりを作ってもあまり意味はないように思う。

引きこもりの支援をしている芦沢茂喜（前著の共著者でもある）は、支援の一環でマリオカート大会をやっている[8]。だからといって、私がいきなりどこかの町にいって、引きこもり向けマリオカート大会なるものをやったとしても、当たり前だが誰も来るわけがない。マリオカート大会という社会資源と本人の間をつなぐためには、物理的な距離や心理的な距離がある。それを埋めるのが、対話に基づいた関係性であったり、対話に基づいたエンパワメントであったりする。社会資源がたくさんあると、サービスのコーディネートに一生懸命になり、この役割を忘れてしまう。今足りていないのは、社会資源そのもの、というよりもソーシャルワークができる社会資源なのではないかと思う。本来、そこがメインに置かれているのが、生活困窮者自立支援法であると私は理解しているが、生活困窮者自立支援制度は、ソーシャルワークという社会資源の提供機関であり、物や金の社会資源はおまけのようなものであった。立ち上げ時、私は職員に言い続けた。腕一本で勝負しな、と。あげられる食料があれば（今はあるが）、安易に食料支援に流れてしまう。住居確保給付金の枠がゆるければ、安易に住居確保給付金に流れてしまう。どちらもツールでしかないのに、ツールを使ってもらうところで思考が止まってしまう。本来、生活困窮者自立支援制度はツールを使いこなしながら、どうやって幸福に向かっていってもらうかという視点を失わず右往左往しながら考え、動く、という仕組みであったと思う。一方で、それでは困ってしまう支援者も多かった。「渡せるものがありません」「使えるものがありません」というアレだ。結局のところ、人材が育たなければ機能しない仕組みでもあって、それゆえ重層的支援整備事業というものが作られたように思う。これとて、ソーシャルワークができる、いや、ソーシャルワーク（≠情報提供屋）は自分の仕事であるという認識なしにはうまく機能しないだろう。

いかんせんスポコン的な感じで、嫌悪感を抱く人もいるかもしれないがあえて言おうと思う。何もなかった時代のことを考えながら、つまり原初状態[9]に近い状態から、「私はこの人のために何ができるのか」という問いを立てよう、と。

6 戸惑いながら、支援をするということ

支援はディレンマを含む。価値はあると思うが価値があると言いたくないという気持ちがある。纏いながら支援をするということ＝倫理かもしれないという思いがある。

ここまで私は、色々なことを書いてきた。あまりにも結論がなくて、イライラする人もいたのではないかと思う。結論は出ないのだ。結論の出ない迷いを纏いながら支援をする。なぜな

らば、それがとても大切な倫理であると思うからだ。不確定なもの、不確実なものの上に立ち私たちは支援をする。私は、前掲の堅田香織里の著書を読みながら、大きくうなずく。書くことに対する氏のためらいが、私の感じるソレ、に近いのだと思う。

　私にとって、かれらについて「書く」ということは、わたしと路上の友人との間に「書く」者と「書かれる」者との非対称性をはっきりと生じさせるだけではなく、かれらを物理的に「殴る」ことと同等の暴力であり、とても受け入れられなかった。[10]

　支援の入り口には必ず非対称性がある。ソーシャルワークはある種の自己矛盾の営みでもあるのだと思う。私たちは、自分が享受している各種の甘い汁を吸いながら、社会正義を訴える。屍の上に立ち、溺れる人に手を差し伸べる。その自己嫌悪も纏う。私が着るこの仕事用の安い服は一体だれが作っているのだろうか。息子に与えてきた一〇〇円ショップのおもちゃをつくっているのは一体どんな人なのか。ワンオペで回す深夜の牛丼屋で安価に牛丼を食う。救う一方で加担している、という感覚がある。誰かの犠牲の上で、ぬくぬくと生活をしている自分が支援をするという事の欺瞞をずっと消化できず纏う。私はその人にはなれない。その人の気持ちには絶対になれない。その絶対的な真実の上で生じる不均衡や力の差をベースに、「対等な関係を築くための方法をさぐろう」とうそぶく。そんなに簡単に対等な関係は築けないよ、と若手に伝え、そもそも対等の不可能さという前提を重苦しく飲み込んでいる。対等にはなりえないとわかっていながら対等を目指す。ぐらつく足元の中で、クライアントの気持ちになろうと試みては挫折する。わかることなどないとわかっているのに、わかろうともがく。これを一体どのように消化すれば良いというのか。悩み続け、考え続けるしかない、と納得させてはみるものの、消化されていない状態が気持ち悪いものだから、なかったことにしようか、とよぎり、考えないことを志向したい誘惑もある。そんなことをグルグルとやって、でも仕事だしやらなきゃな、と思い、色々なものを「フラット」にする努力をし、「我 - 汝」の関係性が見える一瞬を探してゆく。このプロセスのほとんどを、とても後ろめたく感じるのだ。その後の記述で、堅田は、確かにホームレスのおじさんたちと生きていた時間があった、外から触れるような関係性ではなかった、とした上で、書くことを許されたような気持ちになったと述べている。それは、まさに、「我 - 汝」の関係性ではないのだろうか、と思う。

しかし、それでもきっと、「書くこと」というのは、特別な力を生じさせてしまう。ケース記録を書いていると、これは観察日記じゃないか、と思うことがある。そうして、そんな風に見ている自分を非常に気持ち悪いと感じるのだ。そこここに転がっている非対称な関係性は、文字にし、紙の上にインクをたらされることによって、重要な文書となるのと同時に、消費財にもなっていく。ともすれば、新たな搾取ともなりうる。それは非常に恐ろしいことだ。調査や研究も、支援と同様のディレンマを抱えているのだろう。公正な政策立案のため、声が届きづらい人の声を届けるというのは、大切なことだ。一方で、届きづらい人の声は「客体化」してしまう。さらに、研究者の声を挟むことによって、発した言葉はそのままでも、意識的／無意識的にゆがめられていく可能性を帯びている。力を代替するところには、どうやらこの手の問題はつきもののようだ。

私たちの支援のフィールドが社会の周縁であることは第二章で書いた。私たちは、安定した生活をしながら、不安定な生活の人を支援する。つまり、この社会にとりあえず適応していて、それゆえに様々なものを享受する存在である。私は大学院まで行き、学問に触れ続けることができた。そのことで、目に見える利益を得たかというと時代的な背景や性格的なこともあり、あまり感じていないが、それでも恩恵は十分に享受しているように思える。つまり、既存の枠組みの中で、「良い子」でやってきて、それなりに見返りを受けている。かつて、ホームレスのおじさんと話をしているときにこんなことがあった。「あんた中卒だろう。俺と同じで、教養が感じられない」と。その時、私は内心ほくそえんだ。クライアントのところまで「降りていけた」と思った。なんて傲慢なんだろう。

周縁に立つというのは、第二章で「あっちとこっち」と表現したその境界線に立つということとでもある。あっちとこっちをつなぐ役割も内包しているのだと思うが、境界線に立った時に、いやおうなしに自分のいる「こっち」が見えてくる。そして自分が「こっち」の人間であることを嫌というほど思い知らされるのだ。あっちとこっち等関係ないと口では言いながらも、自分はちゃっかりと「こっち」にいて、「こっち」にいることに安堵しながらも「あっち」にいい顔をして、「こっち」にひきずりこもうとしたり、「あっち」にいることを内心蔑みながら、「あっちの生活もいいものね」と言ってしまったりするいやらしさまで、境界線に立つことで見えてしまう。支援が、人間をそこそこひきつけるのは、この「あっち」が見えることで、「こっち」に安堵するというのを求めたいという気持ちもあるからではないかと思う。なぜならば、「こっち」だって、それほど居心地の良い場ではないのだから。常に「あっち行きだぞ」という圧にさらされ、「こっち」の中にもある序列の上位を目指してカオナシ電車に乗り続けるのだから。境界線は、社会で起こっていることそのもので、境界線の上というのは、社会の構造がぎゅっと恐縮された形で表出される場でもあるのだと思う。それだけに、自分がどのような社会をよしとしているのか、という事が支援の質に大きく左右する。私は、熱が四〇度出ている時に、這ってでも仕事に来いという社会を正しいと思っていないから、就労支援でも具合が悪いという人に、無理やり働けとは言わない。逆に、こっち側の世界として四〇度の熱でも出社を迫られるような世界に身を置いてきた人で、それが正しいと思っている人であれば、具合が悪いのは理由になりません、となってしまうのだろう。もちろん、今は人道的にも、無理やり働かせるわけにはいかないから、代わりに医者に行って働けないことを証明してもらってきてください、というキチキチした支援になっていく。

そういった意味では、我々は常に「社会を見る」ことができる仕事をしているし、「社会の在り方」について考える可能性を有した仕事をしていることになる。また、そこから、「社会を変えていく」という契機を内包した仕事なのだと思う。ただし、そのためには、自分が必死にしがみついてきた社会を一度捨てるという痛みを伴う必要はあるだろう。しかし、「こっち側」の人たちも、じりじりとした太陽に照らされながら、迷子になっているのだった。そんなにこの世の中は暮らしやすいわけではない。だからこそ、境界線の上で物申す、という事が必要になるのではないか、と思う。資本主義がいいとか、社会主義がいいとか、そんなことではなく、人が人らしく暮らせる社会をつくるためには、どういったことが許容されるとよいのだろうか、という事を。どちらかがどちらかを黙らせるのではなく、それぞれの生き方の違いを認めながら、より良き社会へ向かうという点では、境界線にいるというこの仕事はやはり価値があるように思うのだ。

■注

1 G・エスピン・アンデルセン(2001)『福祉資本主義の三つの世界——比較福祉国家の理論と動態』ミネルヴァ書房。この本が書かれてから、結構な時間が過ぎた。今の日本が、どのようなレジームであるかは再考すべき時が来ているのだと思う。

2 鷲田清一(2011)『だれのための仕事——労働VS余暇を超えて』講談社

3 斎藤環は、(2013)『思春期ポストモダン——成熟はいかにして可能か』(幻冬舎)にて、社会の成熟と個人の成熟度は反比例すると述べている。生存が至上の命題ではなくなった現代社会においては、早く成熟する契機が損なわれるとするが、これに全く同意する。

4 発達障害には誤診も多いという指摘がある。私も実はそう思っている。本来は伸びるはずの能力に「障害」という烙印を押すことで、伸びしろを奪っている部分はあると思う。難しいと思うが、本来伸びる可能性があるものを伸ばさずにいることが教育的とは思わない。例えば私は体育が嫌で嫌で仕方なった。みんなができることができなかった。それはコンプレックスとなって鎮座している。しかし、中学に入り、バスケットボールはうまくなったと思うし、嫌いで嫌いで仕方なかった水泳は、スイミングスクールにいくことで、そこそこまで伸びた。基本的に水は嫌いなので、今でも別に好きではないが、それでも二五メートルを何本か泳げるくらいの泳力は残っている。なお、幼少期一番得意だったバタフライは、三五歳の時から沈むようになった。

5 社会保障制度審議会(1950)による「社会保障制度に関する勧告」では、社会保障について「疾病、負傷、分娩、廃疾、死亡、老齢、失業、多子その他困窮の原因に対し、保険的方法又は直接公の負担において経済保障の途を講じ、生活困窮に陥った者に対しては、国家扶助によって最低限度の生活を保障するとともに、公衆衛生及び社会福祉の向上を図り、もって全ての国民が文化的社会の成員たるに値する生活を営むことができるようにすること」と述べている。

6 加藤薗子（2005）「仲村・岸論争」『戦後日本福祉論争　オンデマンド復刻版』法律文化社

7 青木尚人（2017）「「岸・仲村論争」を踏まえた生活保護ケースワークの課題と展望」『社会事業研究』56: 88-91

8 芦沢茂喜（2018）『ひきこもりでいいみたい――私と彼らのものがたり』生活書院

9 ジョン・ロールズによる言葉である。ロールズの正義論では、人々は利己心に基づいて自分の利益を追求するという意味で合理的個人であるとされる。そして、自分がどのような地位や状態であるかという情報を持たない「無知のベール」をかぶった状態を「原初状態」とし、その状態を前提とした場合、公正・公平に基づいたルールを設定することが合理的であるとしている。（Rawls,John（1971）"A theory of justice" Revised Edition. Belknap Press）なので私が本稿で使用している意味とは厳密には異なる意図を持つ言葉であることは付記しておきたい。

10 堅田香織里（2021）『生きるためのフェイニズム――パンとバラと反資本主義』タバブックス：89

第五章　モノローグ

アウトプットの時間をまとめてとるつもりがなかった私は、その日感じたことを備忘録的に、フェイスブックに書き込むということをしてきた。X（旧ツイッター）は、ポッと浮かんだ言葉にも関わらず、リツイートで独り歩きするのが怖い。基本顔が見えるフェイスブックを利用している。この本を書き始めてからは、思考が乱れるので、支援についての記事はほとんど載せていない。よって、現在の私のフェイスブックは、飯と山と犬と猫と、日常出会ったちょっと面白いこと、がメインだ。ここからは、私が日常的に残してきたモノローグを紹介したい。ここまで書いてきたことを、日常の中で感じる日があった。感じるということは、刹那である。その瞬間でしか表せない物であり、言語化されると表した物でさえ、変容してしまう。だから、そのときそのとき感じていたことの臨場感というか、ライブ感がどの程度あるかわからないが、最後に紹介したいと思う。

×月×日

福祉の甘さであり難しさが、その一生懸命が、利用者に汲んでもらえる仕事だと言うこと。一生懸命本人のことを考えて動いた時は、なんとなく良い形におさまる。関係性を築けたとは思わないが、まぁいいんじゃないか、くらいの関係性に落ち着く。限られた時間、その人の事を一生懸命に考えることそのものが、支援であり、相手の力になりうるということ。数字を出さなきゃいけないような業界と違って、一生懸命のプロセスそのものが結果であるということ。逆に言えば、うまくいかないと感じる時、一生懸命に、が本人のために向いていないことがある可能性はかなりあるし、本人のためと思っていても、一生懸命に別の方向に走っていったりすることもある。

×月×日

受容ってどういうことだろうか、とか。

うんうんって頷くのが受容じゃない。

そうか、そう感じたんだね、そう見えるんだね、そうかそうか、あなたの世界で物事はそうやって意味づけられているのね、ということをぐるっとめぐらせたうえで出てくるうんうんであってほしい。相手の世界を発見した、うんうん、は、相手にとっても自分の世界が透明人間のような存在ではなかったということの証になる。

褒めることは受容じゃない。これは評価と紙一重。

すごいなと思ったことを、すごいなと言うこと。褒めようと思って褒めても届くわけがない。支援にのせるために受容するんじゃない。この人に今一番必要なものとして受容的な人間関係を育む。一人の人間として敬意を抱き、接する。その結果支援が進む。

×月×日

まずは、自分の目で目の前の人を見て、自分の頭でその人の事を考えて、自分の言葉を出してみる。ますは目の前のその人をまっさらな気持ちでみる。全部そこから。借り物の知識を披露したって意味がない。

×月×日

今、福祉業界で横行している支援は、世の歪みをギュッと凝縮した形で、問題として私の前に立ち現れている。ハウツーを求め、うまくいかないとクライアントのせいにする。それ以前に、人への興味が薄いようにも見える。ノリで合わせていくことはとても得意なように見えるけれども、心と心が触れるレベルでのコミュニケーションに程遠く、クライアントはもとより、支援者さえ孤独な存在に見える。

×月×日

基本的には、支援はクライアントのためなんだけど、この仕事、表面上の取り繕いだけではいつかは支援者自身も壁にぶつかるし傷つくし、場合によっては　再起不能になるから、やっぱり支援者本人にとっての生きる力みたいなものも、少しだけでも何とかなればなという気持ちもある。

×月×日

目的、手段、結果。ここら辺が倒錯していることが多いとよく感じる。

目的を達成するために手段を講じて結果がある。自分自身や組織の状況は無限の変数を帯びた資源であるし、その時の環境もまた無限の変数を孕むため、目的を達成するための手段もまた、その瞬間瞬間に規定された変数にて組み替えられる。そうしてはじき出されたものが結果であり、目的を達成できたかどうかにより手段の検証が可能になる。また、目的を達成できた上で副産物（達成感や満足感）も発生することがある。

×月×日

私らの仕事は支援をすることであって、そのために考え、動くのは当然のこと。あの人は難しい人だから、引きこもりは出てこないから、と言い訳をして、利用者の特性に問題を押し込めて、仕方ないよね、とする空気が本当に嫌い。でも、いつだって、自分もやってしまいそうになる。そんな仕事他にないでしょうよ、と思う

×月×日

不登校の子が増えていることも、決して不思議ではない。そういう風に、崩れるように社会が変容していくのだろうなと。生活保護受給も然り。これがいつかどこかで、ものすごく数が増えたときに、現行体制が崩れる。現代の革命は、旗を挙げて声を出すスタイルではなく、メインストリームからの撤退で進行してゆくのかもしれない。

×月×日

少なくとも、価値の強要は昔に比べると、表立ってはいない。ただ、システム自体が発するメッセージはあくまでも現行社会における特定の価値の存続を投げかけている。見せかけの自由、かなり限定された中での自由かあるのでタチが悪い。真に自由な思考を、教育現場は促せるのか、というと促せていないし、そもそも促すつもりもないのだとおもう。

×月×日

こだわりに着目する。

こだわりは厄介だ。小さな子どもの場合、親は振り回されて思うように動けない。その厄介さは本当によくわかる。一方で、こだわりの正体に目を向けると、本人が安心していられる状態、なわけで、本人の性質や積んできた経験との摩擦の少ない環境であることがわかる。他人からはいくら非合理的に見えようとも、それが本人の安心であり、こだわりを放棄するというのは、安心な場を一つ放棄することになる。いわゆるこだわりの強い人に出会うと、むしろこだわりに凝縮された本人の世界を見せてもらえるような気がする。まずはそこから。

×月×日

どうしたらいいですか？　と問われる時、そこには、混乱であるとか、苦しさであるとか、投げやりな気持ちであるとか、そういうものが、その人の人生史も背負う形でギュッと凝縮されていたりするので、特に方法論を聞きたいわけではない場面も多々存在する。にもかかわらず、こうしたらいいですよ、とそれはそれは純粋に言語化された問いに応答してしまう。

×月×日

ヤマアラシ繁殖中。不安定で不確実な世の中で身を守るために身につけてこざるを得なかったというのは大いにあるんだろうな。

だけど。いや、一生そのまま、困らずに、孤独に打ち震えることもなく過ごせるのならいいんだけど。大丈夫かなって思う。そこに近づきたい気持ちがあって、ネットの中で今は満たせているような見方もできるけど、それで事足りるかなと。
ノリが良くリアルでもネットでも友達も多く、でも夜になると死ぬほど寂しくて死にたいとリストカットを繰り返す子を何人も見てきたし、そこにつけこんで性搾取したり、薬漬けにしてしまう人も散々みてきた中で、その関係性もまたヤマアラシに近く、どう切り込んでゆけばよいのか、どこから手をつけてよいか本当にわからない。

×月×日

情報提供だけしていても繋がれない人は多い。紹介したのにつながらないんだもん、と言う前に考えるべきことがある。

×月×日

ちょっとキツめの、昔ながらの相談員は、言ってるのにわがままばっかり言って言うこと聞かない‼　もう面倒みきれません‼　みたいなことを言う。
一方、一応今の支援の王道は、何が嫌なの？　どこが嫌なの？　じゃあ他探す？　と一つ一つ聞く。これ自体が間違いとまでは言えないけれど、逃げ道を一つずつ塞いでいるようにも感じてしまうときがある。

×月×日

承認不足の国なのか
承認欲求の肥大化なのか
不足してるから欲求が目立つのか
それとも不足していないのに、より多くを求めて肥大化するのか
それとも不足していないのに、心理的にアクセスできないでいるのか
はたまた全てか（たぶんコレ）

×月×日

発達障害という障害が社会的に認知されてから、こだわり、という言葉が多用されている。そして、支援の現場では、こだわりの強い人にどうやって変化してもらうか、という視点で課題としてこだわりを扱う。これが嫌だ。誰だってこだわりのひとつくらいあるでしょうよ。特に高齢者だったりすると、時間的な経過も伴うので、こだわりというか、生き方そのものだったりする。命に関わるようなことは、変えてもらいたい、と思うけれど、そしてこだわりに反してでも実際に介入せざるを得ない時があるのだけれど、まず前提として、こだわりを問題視

しないでほしい。

×月×日

社会において、いろいろな物事が絡まりあい、特に弱いもの同士が絡まり合いながら渦巻いて沈んでゆく感じで、ちょっとでも強い立場の人はより弱い人を踏みながら天をみる。最後まで沈むのは、最弱者であることは間違い無いけれど、この渦自体をどうにかしないと、お互いを踏み台にしながらも大勢が溺れてゆくような気がしてならない。コロシアムのような社会だなと思う。

×月×日

支援者は変化を好む。だから、状況が変わらないことに焦る。別に変化そのものを目的としておかなくてもよいことも沢山あるし、そもそも変化なんてものは、腹の中でジワジワグツグツと煮込まれて、満を持して起こるものだから、関わり続けるしかないんだけど、支援者の方がジリジリとしてしまう。そして、あの人は変わらないと投げたり、急かしてしまったりする。変化を求める支援者の方にじっくり関わる覚悟と余裕がなかっただけのことを、利用者さんのせいにされちゃたまらんのだと思うが。

×月×日

養育費の問題は本当になんとかしたほうが良いと思う。継続支払いが二割程度なので、初めからない、もしくは途中でフェードアウトする、ということ。そこで、請求をかける際に発生する苦痛に、支援者にももっと敏感になってもらいたい。支援者は言う。あなたじゃなくてお子さんの権利なんだから、お母さんそこはもらわなきゃだめよ、苦しいかもしれないけど頑張って。

これは正論。ただね。火傷承知で火の中に飛び込めって言っているのと同じだと思ってほしい。いくら正論だとしても、「痛みに晒されろ」と。「母なのだから、耐えられるでしょ」と。

×月×日

DVだと認めたくない心理。それはDVだ、離婚だ離婚とヤイヤイ言われるたびに、気持ちがついていかず、散歩に行きたくないワンコがウンっと後ろに引くように、リードを引けば引くほど後ずさるように、後ろに向いてしまう。帰りたいという言葉があるからと言って、理性がないとは言えないし、子を思っていないわけでもない。そう言ったことを諸々考える力がないまま、離婚に向けて引っ張られる。これはきつい。慌てて、自分さえ我慢すれば良いのだ、と言い聞かせ、辛いのは自分の努力が足らないせいだ、子どものためにも頑張ろう、そんな大袈裟なことじゃない、と言い聞かせ、後ろに向かって脱走する。

この後ろに向かう脱走を、支援者は理解できず、判断力が低下した人、やっぱり夫が好きな人、とアホみたいに簡略化された言葉で形容してしまう。間違いなく言えるのは、後ろに向かう脱走に加担しうる立場である、ということ。

×月×日

人が生きるとはどういうことなのか。人が誇りを持つとはどういうことなのか。人が自分で歩き出すとはどういうことなのか。

×月×日

本人中心とはどういうことなのか。

本人から発せられることを、ただ浴びていても本人中心の支援にはならない。

本人が発することを、きちんと、わたし、が受け止めること、受け止められる土壌をつくっておくこと。支援はそこから。相手に委ねるようなあり方では、目的の倒錯が起こる。

×月×日

結局のところ、人と関わりながら生きた方が良いと思ったりもするのだけど、関わることに疲れた人、そもそも今の社会ではつながりたくないという人、こんな社会で群れるくらいなら一人の方がよい、という思いもまた正しく大事な思いなのだと思う。だから、すぐに「孤立している、孤立しない場に参画させよう」「人と繋がれるようにしよう」と言うのは乱暴だと思う。まずは本人が、社会や人にわずかな信頼感を持つところから。

×月×日

どうして怒りがあるのか。怒りがあるということはどういうことなのか。

ここら辺、とても軽く、怒りっぽい人、地雷がどこにあるかわからない人、とされてしまう。違う。

人から理不尽に暴力を振るわれたら、殆どの人が腹を立てる。そしてその怒りはさまざまな形で吐露されてくる。時には支援者にとって不当とさえ思える形でさえある。適切か適切じゃないかじゃない。表現として、受けてきたことにたいする怒り、がまずある。まずこのことを認めることは必要なのではないか。

そして、怒れるのは良いことだと思う。対抗する気持ち、受け入れないという気持ちがあるから。誇りをまだもっていられているということ。だからパターナリズム全開の支援には、拒否の形をとる。この辺りも、いとも簡単に、プライドの高い人、なんて言葉で語られてしまう。違う。

やっとこさ出てきたから、労おうというアプローチ自体は間違いじゃない。でも、DVを受けながら家を出るってどういうことか。自分で逃避先を確保できず行政を頼るということはどういうことか。

主体性の剥奪も容易に起こりやすい現場。多くのものを、ささやかな誇りをさえももぎ取られる喪失の経験の中で、なにを核として生きていくのか。

×月×日

最近掲げられている福祉のスローガン的なものにいちいち引っかかる。信頼関係とか、地域、とかつながり、とか伴走型支援、とか。

全部大事なんだけど、言葉や形式が一人歩きして、肝心の中身を伴っていないように思う。人が人を理解する、という事をどのレベルで語るのかにもよるのだけど、求める理解度のレベルは人それぞれでもあり、だからこそ、完全なる理解など不可能であるということがまず前提。そこがないと、初めから見誤る、というか踏み外してしまう。同行してりゃ伴走型ってわけじゃないし、自身のことを話してくれたからといって信頼関係ができているわけじゃない。そこはある程度ストイックなまでに、追い求め続けないと、理解の地平の共有をできないんじゃなかろうか。理解しあうプロセスを貪欲なまでに求め、協働する事そのものに、一つの解があるのではないか。

×月×日

子どもを通して見聞きする学校の旧態依然とした文化に、まぁあんなもんだろう、と少し気を抜いていたのだけど、ふと、うちらの頃よりひどいことが起こってんじゃね？　と思い始めた。私らの時は、大変わかりやすく理不尽だった。そして、それが表面化する機会があった。理不尽を理不尽としてとらえ、共有できる仲間がいた。今の子ども達はどうなんだろうか。決定的な理不尽は少ないように見えるし、教師もまたマイルドになった。もちろん、私個人としては、荒々しい教師はごめんだ。でも、なんだか違う。大人も子どももみんな腹の中を隠して、空気を読みながら、表面的な関わりをしていやしないだろうか。マイルドな誘導で連れて行かれる先にあるものは本当に正しいことだろうか（これは福祉も同じ）。ラディカルな問いを持ち、思考し、試行錯誤するプロセスなしに、いかに子どもに優しげに接しても、非言語コミュニケーションは言葉よりも雄弁に多くを語る。そして優しげに語られると、対抗の動機が損なわれる。

×月×日

ニーズ論もいくつもあり、何が正解かはさておいて、ニーズとは何かを真剣に議論してきた経緯があるということを知っていることが大事。ふと立ち止まって、私がニーズと感じていることが、この人にとっても同じだろうかと思いを馳せる事ができるかどうか、ということ。

そして、国家の立ち位置、その中での法体制、実施機関、そして実際の現場、という中で、自分たちがどこにいるのか。福祉ミックス論の台頭と共に、福祉の民営化がはじまり、競争原理の疑似的な導入で質の向上をはかるなかで、私たちは、何をしなければならないのか。そしてそれは誰のためなのか。

景気は平成大不況後回復はイマイチで、沢山のロスジェネを生み出しながら、一方で、家族や地域の機能は弱体化。企業福祉も余裕がなく、弱体化。投げ出される本人たち。

ともすると数百年前にあった劣等処遇の原則の感覚まで遡ってしまう我々の社会において、先人達が議論をし、命かけて勝ち取ってきたものをきちんと刻み込んで、自身の狭い視野をぐっと広げること。その上で、今その人に何が起こっていて、今自身はどの立場から、どの眼差しで、どう関わるのかを見定めてゆくこと。長所を見つけることだけがストレングス視点とは思えず、大きな流れが蠢いていても、その人の生そのものがきちんと根差しているということがもつ強さに敬意を払いたい。

施設支援の中では、本当にすぐに、障害があって心配だから、アパートじゃなくて、みたいな話になりやすい。

就労支援の中では、死ぬほど仕事があって死ぬほど仕事がない世の中で、仕事に就くことの意味さえ問い直すことなく、仕事仕事と進めてしまいやすい。

精神科への強制入院になんの躊躇いも感じない。

どれもこれも、先人達が死ぬ思いで勝ち取ってきた権利を踏みにじるような感覚。

×月×日

人間とは何か
社会とは何か
国家とは何か
経済とは何か
幸福とは何か

こういったことをベースにおきながら、自己がまとっている自己の世界と知識を対話させ、他者に向き合うこと。一度自己の世界を揺さぶるので、怖くもある。当たり前だと思っていた価値観が崩れることへの抵抗感。基本的には、言語と意味づけで構成された社会において、自己もまた相対化可能で、相対化した自己をひっさげて、他者と相対する覚悟みたいなものが必要な仕事だと思っている。そして相対化するには、オルタナティブが必要。そういう意味でも、当たり前のことが当たり前じゃなかった時代に光を当てたい。

×月×日

ひきこもりは外に出るのが支援目標なの?

不登校の子は登校するのが支援目標なの?

統合失調症の人は幻聴が聞こえなくなるようにするのが支援目標なの?

結果的に外に出たり、登校したり、幻聴がおさまることはあると思うけれど、目標におくと多分おそらく達成できない目標になる。極端なことを言えば、目標はいつだって利用者さんが教えてくれる。というか、私らに決められない部分が多いし、決めるべきでないとさえ思うことがある。きちんと理解をしようとする不断の努力や関わりがあれば、自ずと利用者さんが目標をたてそこに向かって歩き始める。

×月×日

きちんと人と向き合うとは思った以上に難しく、高度だということ。

×月×日

自身の、社会に対する眼差しはどうか。社会の構造や経済をどう把握していて、そのマクロの構造の中に、自分や利用者をどう把握するのかという視点を持ちながら、一方で、利用者の世界の入り口にフォーカスしてゆくその感じ。ミクロだけでもいけないし、入り口にフォーカスできても、対話に至らない場合もある（そういう時たいていは支援者の側も閉じている）。入り口に少し触れただけで、一〇〇わかったつもりになって、あの人はああだからという傲慢さを捨て、一触れさせてもらったところから、五触れさせてもらうための努力やプロセスを大事にしてようやく一か二の共有や対話となる。

×月×日

利用者さんに寄り添って
信頼関係築いて
社会資源につないで

ソーシャルワークしてますって言われると、うん字面的にはそうだねーと思うけれど、ソーシャルワークと思えない。そこをうまいこと言語化できない。

×月×日

この人も人間なんです、避難所に入れてください‼ というやり取りを目の当たりにした後に、ささ、開いたよ、入りましょ、って言われたときに、当の本人はどのように感じるか。権利を勝ち取ってくれてありがとう、と感じる一方で、自分が弱者であること、強いものに守られる形でようやく権利を手に入れられる存在であることを再確認させられ、居心地の悪い惨めな気持ちを与えてしまうような事はないだろうか。

支援をする側が、支援を求めにくくさせてはいけない。人権に配慮する、というのは、ただ単に命を守る事だけでなく、そういった人間としての誇りのようなものを傷つけてはいけないということ。その誇りを奪うと、依存的な利用者にもなりうるし、依存があるときには支配の側面を持ちうるという事。

×月×日

福祉とは全然違う文脈にいる人から、ホームレスの避難所問題をどのように考えますか、と問われた。

とても申し訳なさそうに、税金を払ってる払っていない別として、衛生面が気になります、私が知っているホームレスは、軍服着てアコーディオン弾いているような方で、ものすごい匂いの方が避難所で自分の家族の隣に来たとき、でも同じ人間だから、と受け入れられる自信がありません、とおっしゃる。

まずは、ホームレス像が著しく古いので修正。今のホームレスは、清潔な人も多いし、ネットカフェで暮らすホームレスだとわからないような人も多いんです、と伝える。歪んだイメージの上で何を話してもあまり意味がない。

一方で、確かにまだ物凄く臭う人がいることも確か。本人自身も、全く気にしない人もいれば、とても気にしていて、具合が悪くても風呂に入るまでは絶対に病院にはいかないという人もいる旨も併せて伝える。

そして、栄養状態はやはり悪く、結核や南京虫などの課題は必ずある。

精神面で不調をきたしている人の割合も多いし、統合失調症の未治療状態の人もいれば、出所者もいる。出所者の割合はきちんと調べたことはないけれど、出所者支援の歴史が古くなく、累犯障害者という造語も二〇〇〇年代に入って出てきたので、もとの生活に戻れなかった人たちが多いのは容易に想像がつく。

というか、お家がある人でも同じで、不衛生な人はどこにでもいるし、出所者だっているが、ホームレスの中では、割合としてはやはり少し高いし、感染症のリスクは高いだろう。体力を奪われる避難所生活に於いて、集団感染のリスクはやはり考えねばならないと思う。

こういったことについて、福祉の側は、かなり抽象的に、人権が、と訴えるのだけど、いつもそれに違和感を覚える。人権、はある意味印籠なので、それをかざせば、かざされた方は、黙らざるを得ない。黙る、ということは、具体的に想定できるリスクや（偏見に基づいていたとしても）コンフリクトに目を向けにくくなる。

避難所は、弱者同士が共同生活をする場なので、人権を一方的に訴えることで、もう一方の弱者の人権（例えば乳幼児とか、発達障害による嗅覚過敏であったり）を蔑ろにしてしまうこともおこりうる。平たく言えば、同じ人間だから受け入れろ、周りが我慢しろ、というのは暴力的な気もするし、長期的には溝（差別）を深めるのではないかと思う。

弱者カーストのようなものを避難所で作ってはいけない。子持ち、女性、高齢者など、弱者の中でもさらに抑圧の対象になりやすい。そういう場では、ギリギリの所で、それぞれがそれぞれの人権を守ることに必死。当然コンフリクトは増える。先日の台風での避難の際、私は気圧の変化でくたばっていたのだけど、走り回る子ども達の振動が身体中に響いた。短時間で、かつ一時的なものであるし、子どもに制限をかけることが好ましいとも思えないが、もっとしんどい体調だったり、長期化してくると、余裕は当然なくなる。

これに関しては、避難所にプレイルームを設置する動きがあり、現実的な落とし所。子どもは騒ぐものだ、具合が悪かろうがなんだろうが大人が我慢しろ、というのは乱暴だし、具合が悪い人も疲れている人も多いんだから子どもを黙らせろ、というのも乱暴。子どもは走り回ってよいし、具合が悪い人は静かに休んでいてよいはずで、避難所という限られた空間の中で、弱者同士のコンフリクト解消の具体的な方策がプレイルームの設置[1]だったりする。

そういった構造を踏まえ、現実に立脚した上で議論をすすめることが必要なのではないかと思う。心情的には、避難所に入れないとか言語道断なんだけれど、冒頭の質問の主のような感覚は、おそらく一般的なんだろうし、実際に一部そういう人がいるのは確か。

この感覚は、障害者運動から得たものだが、同じ、を強調する事で差異に対して抑圧的に働いてしまう。

全体としてホームレスの生活状況は変わりつつあるものの強烈な匂いを放っている人は必ずいる。そこを有耶無耶にしたまま、とにかく人間だから受け入れろ、ホームレスに対する偏見だ、清潔だ、という主張のみを繰り返すのは、支援をしている立場からは、ちょっと誤魔化しのような、ホームレスの生活そのものを否定しているような気さえする。

偏見や誤解を解きつつ、それでも残る具体的な課題に我々支援者と行政がどのように向き合うか。支援者関係ねーよ、そんなの行政が考えるべきだ、と言うこともできるけれど、わたしらホームレスのアドボケーターとなりうる立ち位置なので、きちんと実態や課題を直視した上で行政と仕組みをつくるところまで可能なんじゃないか。マジョリティとの違いは違いとして認め、そこに立脚して共生する仕組み。違いをないもののようにしてしまうことは、家がある人と同じように振る舞わないと排除の対象になりますよ、という暗黙のメッセージになりうる。仮にラジオか何かで、いやいや、今時のホームレスは皆さん綺麗にしていらっしゃいますよ、偏見ですよ、避難所にいれるべきですと訴えたとき、それを聞いた風呂に入れないホームレスはどのように感じるだろうか。風呂に入れていない自分は行ってはいけないと思いはしないだろうか。

×月×日

最低生活費を下回る人の家計支援なんて、よほど本人が生活保護を拒否していない限りは、権利侵害にさえなりうる。丁寧に支援すればするほど、利用者の側にも、もう無理生保でよろしくって言えない感覚を押し付ける。ありがた迷惑の側面を孕んでいるということ。

最低生活費をかなり上回って収入がある人でも収支バランスの崩れや、負債の返済による困窮もよくあるので、その場合は、お手伝いを必要とすることもあると思うけれど、基本的には諸個人の生活に入り込んで行くという感覚を失ってはならない。
私たちは、市民の生活を守り、支えるのが仕事なのであって、国家による家庭への介入、管理に手を貸すのではない。このことを肝に銘じて。

×月×日

福祉は、人が幸福に生きるということはどういうことかを考え続け、
教育は、人が育つとはどういう事かを考え続け、
医療は、人が健やかであるとはどういうことかを考え続けてほしい。
福祉の仕事をしていて思うのは、哲学なき実践はフワフワとしていて、いつの間にか権利の侵害に加担してしまいやすいということ。
福祉が利用者のためにやっていたことが、いつの間にか社会全体の福祉の衰退を招いてしまったり
教育が子どもを育てるためにやっていた事が、いつの間にか兵士の大量生産を招いてしまったり
医療が患者の為に開発した電気ショック療法が、懲罰のために使われてしまったり
進む先はじつは一つではない。どういう哲学を持ち理念を持っているかで良くも悪くも社会が変わってゆく（と信じたい）。

歴史に学び、人が生きることについて学び、自身の中に落とし込むこと。

×月×日

根深さと支援者の無力さを認識した上で、どうやったら、羽を休められるプラットホームになれるかと考える。基地を作ろうと思うのは奢りに近く、作れてプラットホーム。そして、プラットホームをいくつも用意すること。本人がそこで羽を休めた結果、基地を作っていけた時にはじめて少しだけ自己肯定感が湧くのだと思う。

×月×日

毎日力を使い続ける仕事であるので、自分の力を見誤るし、力に取り憑かれ、より大きなパワーゲームに取り憑かれて行く危うさのある仕事だということ。勘違いして突然オラつき始める人になる。尊大な態度を取るようになる。自己欺瞞の内包は当然ありうるものとして、パワーゲームに突き進まず、当事者の手や目を借りながら自己欺瞞に向き合い、適切に力を行使すること、自身の力がどの程度のもので、それはお酒や薬物のような快感を伴って忍び寄ってくる。我こそがソーシャルワーカーだと言いたい気持ちになる。

あぁ、否定したい自分を外に出して叩いて見せる事で自分を好きでいたいのか、本当の攻撃対象は自分自身で自分が大好きで自分が大嫌いなのか、となんとなくストンと落ちた時に、その脆さというか明治の文豪たちのような儚さというか、他人の胸を借りて自分を安定させる怖く脆いありようなのかと思い、切ない気持ちになる。もちろん、胸を借りて、というよりは、対象になる人は巻き込まれたり、サンドバッグになったりで、対象になった人にはとんでもない苦痛と理不尽なんだけど。

×月×日

やはり、ソーシャルワークの定義の社会正義の部分。生きている以上、私たちは価値と意味から逃れられず、日々、数えきれないほどの、自身の価値観において良いと思われること、に基づいた決定をしながら生活を成り立たせている。持ち物一つから、食べ物、健康状態、振る舞い全て。そんな価値だらけの私の考える社会正義にはいつだって歪みの可能性がある。一方を擁護すると他方を傷つけてしまうような事もよくあるし、止むを得ず加担しているような事もたくさんある。搾取の上に生活を成り立たせているようなところもある。だからこそ、社会として何を目指し、どう失敗をし、どうすべきなのかを自己の価値との距離を測りながら、そして、それが行動原理として嘘や矛盾をはらんでいないかどうかを、問いながら行動する。

自分の価値観が正義にすり替わることがないよう、正義の追求のために、いくつもの不正義を正当化することがないよう、歴史に学び、他者に学び、自己と対話しつづけ、クライアントと関わりつづけてゆく事がわたしが今考えている自分のなすべき事、なす事が可能であろうこと。私のバックボーンに青い芝の会や自立生活運動があって本当に良かった。現時点で、当事者性に基づく抑圧や不利益との距離感（女性であることや、子どもがいることは、根底部分にはあるけれど）がある分、いつだって当事者から否定される正義になりうる。そして、当事者から否定される正義はもう結構前から否定されているパターナリズムであり、暴力ですらある。

ここら辺のしっかりとした内省と、それを可能にする知識と、自己の価値観に向き合う勇気や覚悟なく、方法論ばかり模倣するありようがあちらこちらで見られる。しくみを作ってきた人へのリスペクトや、その魂、哲学の継承がなされず、かといってオルタナティブな価値をきちんと据えられない、フワフワした仕組みがなんと多いのだろう、と。結果、体裁や件数、流行りの支援対象など、見えやすいものに固執し、管理的になったり暴力的になっても気づけなかったりということが起こっている。

×月×日

背景を読むために生活歴を聞く

きっかけをつくるために雑談をする

相手が話しやすいように自己開示をする

こういったことが、単なる手法として伝達されている。

背景を知るための内発的な動機がそこにあるか。

生活歴を受け止める自身の知識や基盤はどのようなものか。

相手を下に置き、自分が下に降りていってあげる、という感覚はないか。

雑談の中から、自己の世界と相手の世界の接点を見出せるのか。もしくは時間の共有という接点をきちんと意識できるのか。

これらをふまえず、ただただ、手法を模倣しても仕方ない。そこに圧倒的な倒錯が起こっている。誰のために何をするのか。自分が関わる、ということは、相手と自分の化学反応のようなものなのだから、自分がどんな化合物であるかを通して、相手を理解して行くこと。ここが逆になりやすい。自分のことは後回し。相手にばかり、あなたはどんな化合物なの？　と優しく迫る。そこから得られるものは自身が揺さぶられない存在であるという閉じた安心感と若干の優越感。受容でも共感でもない。

×月×日

もう既に語り尽くされているが、暴力による支配から解放されるのは並大抵のことではない。

ＤＶに限らず、パワハラなんかも同じ構造。

いつだって逃げられたはずだ
スマホで情報を得られたはずだ
と言うが、じゃあ実際逃げてみろよ、と思ったり（いや、そんなシチュエーションはない方がいいんだけど）。

それは今日なのか。

明日にするのか。

荷物は？　着の身着のままで……どこへ？

警察に行けば、その後は大丈夫？　絶対？

実家？　お前がもう少し我慢しろと言われない？

今日、なのか？

今、なのか？

具体的に、今、なのか？

今、全てを捨てて、逃げるべきなのか？

そもそもＤＶから逃げるということ自体が理不尽の塊で、逃げる側は相当多くのものを捨てて逃げる。着の身着のまま警察に飛び込むというのは、もはやほとんど丸裸に近い状態。果たしてその決断を、どれだけの人がどの段階で暴力にさらされながらどれだけ冷静にできると言うのか。そもそもディスパワーの状態になっていて、それでも今だ、と判断する力さえ残っていないというのに。

逃げることは、精神的にも、物理的にも、時間的にも容易なことではない。

義憤に駆られて、逃げるべきなのにバカじゃないの？　と言うその言葉が、より逃げる力を奪うということを、言葉を口にする前に考えてみてほしい。

そうそう。やっぱ不寛容なんだよな。ウェルビーイングの状態を相対化も吟味もせずに、常識の範疇でふんわりと考え、みんなコレがいいっしょ？　その最短ルート、優しく教えまっせ、みたいな感じ。

×月×日

曖昧な状態への不寛容さや、根底にある規範への追随は、逃げ道を塞いでしまう。

行かなくても良い

夜寝なくても良い
不快なままで良い
という感覚を否定しない、という余地。

支援は、正解に誘導するのとは違う。正解がなんだかわかんないねというところから、その人が今の社会の中で生きていく上での、それなりの正解を一緒に考えてゆくこと。

揺らぎ、曖昧さ、アンビバレンツ、遊び、不安定――こういった、ネガティブに捉えられがちな事を共に呻吟すると良いと思う。

踏むプロセスは結果として似たようなものになるかもしれず、結果として生活リズムを整えるという方向になったり、病院に行くという結果になることが多いにしても、まずは本人の根底にある感情をきちんと受容すること。痛みの経験や、揺らぎの状態を想像してみること。そうすると、当然に、自分も揺らぐ。とてもフェアだ。

×月×日

人と出会うということに、自身という存在を脇に置くと、多分それは出会ったことにならない。何かを理解するということは、理解する主体としての自己を通して行うであるし、わかり合うためのツールとして言葉やそれに貼り付けられた意味があり、各々が言葉や意味を足がかりにしながら、そこに己を介在させていって、初めて自身の中に知というストックができる。そんなイメージ。

わかるとはどういうことか

と問い続ける中で、大学生の頃に、他人のことなど絶対にわからないし、わかってもらえるはずもないと思っていたことを思い出した。いわゆるこじらせ系（笑）。ただ、わかってもらえなくても、わかる事ができなくても、わかろうとしなければ、人との関係は築けず、言語や表現はその為にあり、だから言語や表現を紡ぎながら、わかるための波長合わせのようなことを続けていくことはおそらく人間にとって、必要なことなんだろうな。多くの人が、まぁ、このくらいのわかり感でいいか、という関係性の中で生きて行ける、決定的にわからなくなる、もしくはわかりたくもなくなれば離れる、というところで落ち着いて行くのだろうな。

ただ、私らの仕事は、わからないから離れるとはいかず、わからないから放置するわけにもいかず、わかろうと思い続け、わかろうとし続ける事が一つの大きな特徴。ここがなければ、何をやっても上滑る感じ。

行き詰まる。

ちなみに私は面談で信頼関係を築けたと思ったことは多分一度もない。そもそも信頼関係の構築とやらをあまり意識していない。さらに言えば、信頼関係ができたかどうかは相手様が判断することだと思っているので、信頼関係を築く、という言葉そのものがもつ驕りのようなものを感じてしまう。
でも、結局支援をする中で、相手を知りたいと思い、相手をわかろうとする過程で、なんらかの一点の針穴のようなつながりポイントが見えることがあり、それをどうやって表現しようかと思うとやはり信頼関係に近い概念になってしまう。
で、こうやって伝えると
そうか、共通の話題があれば信頼関係が築けるのか、とか
雑談をすればいいのか、とか
とことん的外れで表面的な把握を促してしまいそうで躊躇する。悩ましい。

×月×日

荷物のおろし方について考える。私は毎週土曜日、一週間分の買い出しをする。約七キロ〜一〇キロの食材をえっちらおっちら運ぶ。安いものは重い。これはセオリーだ。玉ねぎ、キャベツ、じゃがいも、豆腐……。肩に食い込むエコバック。自宅前の階段をのぼり、吹き出す汗。これを後ろから来た人が持ってくれたとしたらどうだろう？　きっと助かる。助かるけれど、きっと私はちょっと微妙な気持ちになるのだろうなと思う。それまで圧し掛かっていた荷物が

急になくなるということに戸惑うような気がする。そうして、子ども時代のことを思い出した。ちょっとしたことだったと思う。外出時におやつが買えなくて、物欲しげに見ていたであろう私に、一〇〇円を渡してくれようとした人がいた。私はそれを固辞した。もらってもよい間柄の人であったが、私は一〇歳の全プライドをかけて固辞した。みじめだった。そうすると、その人は、「自分が食べたい」と言って大袋のおかしを買ってきて、「こんなに一人で食べられないから、手伝って」と言った。そうして私はおかしにありつけた。

支援の渡し方にはプライドを慮る配慮がいる。もちろん、私たち支援者は人前で、「これあげるわ」といって食料を渡すようなことはしない。しかし、例えば、育児を一人で頑張ってきてもう限界になっているお母さんに、そのプライドに配慮した資源の提供の仕方ができているだろうか。そんなことを考える。そこだけをプライドをしてきたお母さんからよかれと思って「役割を全部奪う」ような提示の仕方をしていないだろうか。健康に留意し、なるべく歩こうとしている人に、楽だろう、という善意で車いすを押し付けたりしていないだろうか。

×月×日

法治国家であること
福祉国家であること

財の分配を肯定する理屈
市場、医療、教育
善、悪、規範、風潮
そんなものをきちんと融かしこんだ上で、エレガントに、かつセンシティブに言葉を紡ぎたい。
大事なことはなんだろうね。わたしら、どこをみて、何を感じて、どんな風に振る舞えばいいのかな。共生社会、ねぇ。言葉や資格だけが上滑りしていく。言葉や資格だけを消費して行く。
歴史学者の阿部謹也が、師から投げかけられた言葉を私も反芻してみる。[2]
わかるとは、どういうことですか?
わかるわからないの前に分かりたいときちんと思っているのかという事が大事なように思う。
わかる必要などないとぶった切る人よりも、わかったつもりになる人の方がよほど怪しい。
他人のことなどわかる訳がない。
わかる、というのはどういう状態を指すのか、明確な答えの持てなさに答えがあるような気がしている。
難しい、わからないねぇ、わかるわかる、と口にする前に、まず分かりたいと思う気持ちと覚悟があるか。
知識をたくさん持っていることや(もちろん知識はそれなりに大事)、コミュニケーションスキルに長けているとか、そういうことでなく、まず腹に据えられるか。テクニックは、上滑りし、時に知識は無力だとも感じる。テクニックと知識を練りこみながら自身に溶かし、理解、を腹に据える。
こういった事が、必要なのかと思う。

×月×日

そこにきちんと哲学があるかということは、実践においても大事なことであると思う。
照らしてみる
通してみる
落としてみる
発してみる
こんなことをしてみたい。私の世界は常に私のものであるから、私の世界を構成する哲学が、きちんと福祉が考えてきた哲学を踏まえているかを照らし、私の哲学を通してみて、違和感があれば違和感の原因を色々な角度から探り、情報としての哲学を私の中に落とし込み、それから発する。
アセスが深まらない時は実はこのプロセスが甘いことが多い。足元ぐらつくことなく、でもしなやかに振り回されてみる事ができる根底には、哲学、やそれに基づいた理念があり、それがきちんと腹に落ちているという事が肝要だと思う。

×月×日

支援の主体は誰か？　と問われれば、利用者と答える人は多いのではないかと思う。

書物を見ても、こういう人がいて、その人、が分析される。

が、私は、支援の主体は、当事者間で共有される間主観性の色彩を帯びていると考えている。

他者の主観とわたしの主観。

ただし、私の主観は、支援をする時は支援者としてのある種の規制（知識の出し方や反応において）されたものであるが、客観、ではない。というか、客観という考えそのものが成り立たない。私は私が一番良いと感じた言葉を私の知識と経験と価値観に基づいてひねり出す。クライアントの言葉に呼応してまた考え、また言葉を紡ぐ。対象者の主体性を尊重することを目的とした私の主体的で能動的な試みが支援を構成している。

それなのに、あたかも、対象者だけが問題であるように語られていては、支援は深まらず、表面を撫でるような支援になってしまう、そんな気がしている。

自己開示、の意味。相手が話しやすい雰囲気を作る、というととてもぺらくなる。

私にとっては対話の作法。私の世界はこんな感じですが、あなたの世界を教えてもらえませんか？　の作法。

×月×日

他者への興味について思うこと。

この仕事をしていると、他者に興味をもつことが大事だなと思うんだけど、そもそも他者への興味ってどうやって湧くのかなと。

自己があって他者がいるわけで、自己がぐらついていると、他者と接する面で自己を守るための攻防戦になる。

支援者の側には、この自我の部分をきちんと持てているか、が肝要じゃないか、と思う。

愛着形成の話で、よく、安心できる場所があって初めて外に出ていけるようになるというが、それと全く同じで、動じない、脅かされない自己があって、初めて、他者と、出会う、のではないか。

思えば、小中高〜大学の前半くらいまで、自己とは何か、他者とは何か、親密であるとはどういうことか、ということについてかなり悩んだ。他者とのぶつかり合いや分かり合えない感じなんかを通して、ようやっとハタチすぎて、自己の境界がしっかりしてきたように思う。今は特に自己の揺らぎはない。だから、空っぽにもなれる。空っぽじゃないことを一応知っているから、空っぽになれる。

出会うとは他者の風景に興味をもつこと。

関わるとは他者と共通の風景をもとうとすること。

×月×日

惹かれてゆくものはいつも魂揺さぶられる［規格外］。その規格を誰がなぜ創り出しているのか、のところをちょっと離れてみてみると、人と人の間に差異があり、育つ環境に差異がある限りは、すべてが規格外だし、規格外でもよい。そういう自由さのない社会は、新たな規格外を生むし、規格外を一定数維持することで、規格の維持をしているとも言える。

個々は鬱屈とした差異をぶら下げて、個性万歳の文化を表面的に消費したり、規格外とされる存在に負の烙印をあてて、安堵を獲得する。

規格と規格外、マージナライズといっても良いかもしれないけれど、その境界の部分に私は立っていて、どちらの方も見ていて、その行き来を見ていて、ふっと分断するものを見上げて、ただのなだらかな差異の連続という認知組み換えを妄想してみたりして、その人たちに出会いに行く。

×月×日

内面化された規範の解体はなかなか難しく、分断はそうそうつなぎ合わせられず、皆心があるから、アイデンティティゲームに駆り立てられてゆくし。

社会貢献、という気持ちはない。

人の役に立ちたい、というのもあまりない。

社会を変えたい、というのもあまりない。

かといって自身のトラウマケア、みたいなものもない（入り口はそうだったかもしれない）。

人から感謝されることによる必要とされ感みたいなものも今はない。

×月×日

人々のアイデンティティや承認欲求、向上心、不安なんかが金に変わっているという感覚。

×月×日

気をつけないとすぐに劣化支援。知識が増えて、パターン化が進んで、劣化支援。
ironic な感じだけど、考えてみたい命題。

ソーシャルワークをＡＩにやらせるにはどのようにしたら良いか。

もしくは、ＡＩにソーシャルワークをやらせるときに、不具合が生じるとすればそれは何か。

ＡＩにソーシャルワークなんか出来っこない、と言うのならば、なぜ出来ないのか。

人と人との関わり、とか、心がこもった、とかそう言ったフンワリした言葉に収斂されて行くものは一体なんなのか。

核がないソーシャルワークはおそらくＡＩで代替可能。

×月×日

ここ数日
ありおりはべりいまそがり
というフレーズが浮かんでは消える。
ラ行変格活用だけど、この、存在、を示す言葉の語感が割りと好きだ。少なくとも、習ってから二〇年以上覚えてる程度には。
存在そのものの肯定への現代人の強い渇望を感じるし、渇望するということは、脅かされている、ということでもあるのだなぁ、と。
基本、私が息子に望むことは生きていることなのだけど、彼が社会で暮らして行くためにはいくつもの社会的な要請があり、それが、かれの存在のコアとなるものと摩擦を生むような要請であるのならば、きっと自己否定感かありのままの生の承認への渇望の振れ幅の中を生きるのだろうな。

そこを生ききれるだけの強さを育む術を何となく知ってはいるけれど、社会的な要請の強度が勝るのではないかと不安にもなる。

でもとりあえず。

人と関わる根底、特に親密圏にいる人は、その人の存在を無条件に肯定してほしい。

為す

ではなく

あり

や

おり

を認める。人はそこからじゃないと動けない。動かなくてもいいとも思うけれど、人間は動く生き物だから、そこ、がきちんと、保障、されれば、自身が良いと思った方向に動き出す。支援もこのプロセスはきっと大事で、首に縄をつける、引き摺り出す、ではなく、そっと押す、でもなく、まずはしっかりと、ある、いるを噛みしめる。噛みしめるのは、クライアント、じゃなくて、まずは支援者たる私らの方のじゃないかなとも。

動かしたくなる焦りは動かない彼らを否定する。否定までしなくても、見なかったことにしてしまう。

時間がかかるようで、いや、実際かかるんだけど、それでいいように思う。

×月×日

エビデンスに基づいた見立ての奥に、掛け値なしの人間理解があると、専門性の鎧の着脱が可能になるという実感。

わからないことの免罪符にラベルを使い、説明したつもりになるのなら、ラベルなど取り払った方がよい。わかるためにラベルがあるのに。進化する科学で退化する能力。福祉だけじゃないけど。

スカスカの制度がいくつもできていく気がする。

研修のタイトルを見るたびに思う。

ベッカーのラベリング理論を、我々はどう活かすべきか、と。

発達障害、高次脳機能障害、アルコール依存、ネット依存。

色んなラベルができ、メカニズムを知ることができるようになり、説明ができるようになる一方で、ラベルが構築する現実もある、ということ。

この感覚が乏しいと、その人自身を見る感覚を失う。

ネット依存が脳に与える影響が明らかになることは良いと思う。でも、ネット依存として表出された本人のしんどさは、別にネット依存というラベルを使わなくてもうかがい知ることができるわけで。

障害や病気のラベルを、私たちはどうやって支援に取り込むのが。割れ物、冷蔵品、冷凍品とラベルが貼られた段ボールを仕分けていくような仕事の仕方をしていないだろうか。

病気→通院促し、の定型支援を押し付けていないだろうか。プロセスと結果の転倒が起こっていないだろうか。

×月×日

支援者からたまに聞くけれど、本音を見せてくれない、ありのままを受け入れるからありのままを見せてほしい、という。
雪の女王ですかあなたは。と突っ込みたいのを抑えて、
例えばあなたは私にありのままを見せられますか？
と問いたい。

私は、ここにいる誰にも、ありのままなんて見せたくないし見せられないけれど。

ありのまま、核の部分は、本人にとってとてもデリケートな領域なんだから、見せなくて当たり前。ましてや、言語化なんかできなくて当たり前。

その前提はとても大事。

シンプルなことなんだけれども、自分ができないことを何故他人に当たり前に求められるのか。

■注

1　ただし、これが隔離部屋となった場合は、また新たな問題であるとも思える。

2　阿部謹也（2007）『自分のなかに歴史をよむ』ちくま文庫

おわりに

季節はめぐる。あんなに暑かった夏も終わり、木々は猛急ぎでその装いを変えてゆく。積もる落ち葉をラッセルしながら、わたしは今日も色々と考える。
自分のナリワイとは一体いかなるものなのだろうか、と。美徳だけでは語れず、熱意だけでも語れず、その奥深さを思う時、猫を撫でながら、犬に餌をやりながら、小松菜を洗いながら、社会や自分やその中に流れる血のようなものをイメージして、思考をすすめている。

生きることとは何なのか。
より良い社会とは何なのか。
誰の幸福か。
幸福とは何か。

あるおばあちゃんは言った。
米と味噌があれば幸福よ。
戦争を知っている人にとっての幸福はそうなのかもしれない。そのおばあちゃんは、近所の子どもにお小遣いをあげていた。お金がないというのに。米と味噌があって、他に与えることができる、という幸福を、彼女は噛み締めていた。それを私はどう受け止めるべきだろうか。こんなことが支援の現場にはたくさんある。私は米と味噌の生活は嫌だ。でも彼女にとっては？

その人その人が大事にする生活を思い浮かべた時、まるで秋の紅葉のグラデーションのように、制御できない多様さと奥行きがあることを痛感する。ダイバーシティというのなら、そんな人たちの存在も社会として受け止められる世の中であればよいと思う。

ぐるぐるぐちゃぐちゃといろんなことを書いて来た。つぶ貝のことから、国家のことまで色々と書いた。どれも決定的な結論や正解があるわけではなく、このぐるぐるぐちゃぐちゃしていて、少し反省じみた知識や体験を日々修正し、更新しながら生きる主体としてのわたしは、本書で書き連ねたぐるぐるぐちゃぐちゃトルネードをまとって支援をしてきた。

死ぬのはいやだが、医者から団子を禁止されて泣いていた重度の糖尿病のおばあちゃんがニヤリと笑ってこっそり買ってきたオハギを私の前におく。わたしは言葉を失って立ち尽くす。ぐるぐるぐちゃぐちゃトルネードが大きくなって身動きが取れなくなる瞬間だ。このおばあちゃんと甘味の歴史を想像しようにも頭も働かず、え？　いいの？　大丈夫なの？　大丈夫かな、ちょっとだし、こんなにも食べたがっているし、団子じゃないし……いや、団子もオハギもおんなじじゃないか……それにせん妄が出るほどの血糖値だし、とほんのわずかな時間を使って逡巡する。時間にするとおおよそ一〇秒程度の。こんなことはいくらだってある。その一瞬の躊躇いからくる立ち尽くしは一つの言語なのかもしれないと思う。

二〇二三年一月二一日。甲府で二番目に安くてうまい店と書かれた食堂で、育ち盛りの若者が食べるような山盛りの野菜炒め定食を食べたあと、生活書院の髙橋さんに次は単著ですね、と声をかけていただいたところからこの本はスタートした。前作は、年末年始の三日間で集中して書き上げたが、今回は通勤時間や終業後一時間だけ、とか、思いついた時にiPhoneのメモを使って、という形で書き上げた。短距離走とマラソンでは、マラソンの方が好きだが、地道な作業はめっぽう飽きっぽく、このスタイルで書きされたのは、あの日のレジの前の一言のおかげだった。言葉というのは本当に不思議なものだなと思う。頭の中で考えた実態のないものを、音にして出す（音じゃないこともあるが）。それが力を持つ。結局長い時間かかってしまったが、兎にも角にも、高橋さんの一言が私に火を灯し続けてくれた。

はじめに、でこれはわたしのモノローグであると書いたが、書き進めていくうちに、わたしは現象や本とのダイアローグをしているのではないか、と感じるようになった。引用するために文献を読む。会ったことがない著者の考えと自分の考えを交換する。会ったことがある著者でも「こんなこと考えて生活してたんか！」と衝撃を受ける。現象を見る。現象を対象物として、わたしの思考を投げかける。対象物は私の思考をクリアに照射する。人と話をする。小さなキーワードから、世界が広がる。小さな灯がともる。

ダイアローグは、人と人との間に発生するが、モノローグは、人と物、人と「対象物としての人」との間に発生するダイアローグのような物ではないか。閉じてはいけないのだと思う。人と、物と、現象との間で発生する「対話的な」モノローグは、ダイアローグから、ポリフォニー、そしてシンフォニーへと繋がっていく。まるで、同じ旋律を繰り返すラヴェルのボレロのように。

そんなわけで、わたしは日常の中で、より主体的に「社会」と繋がろうとし、日常生活の中でトランス状態の過集中を伴い、この本を仕上げていった。カフェを使うことで思考が混ざらぬようにしたり、チョコザップに行って脳内を放電したり（誤解されると困るが、チョコザップは別に脳内放電する怪しい機械があるわけではない。脳内放電に使った器具はもっぱら、アブベンチとチェストプレスだ）したが、何もせずにボヤッとする時間が格段に減ったので、あれやこれやの偏屈さやテンションのおかしさ（つまり変人っぽさ）は出てきたと思う。

思考というのはエネルギーのいるもので、日常生活の中のほんの小さなことと、社会や世界のこととの間を行き来させるのは、目まぐるしくチャンネルを変えていくような作業であった。マキシマムザホルモンのこれからの麺かたコッテリの話をしよう、を聴きながら、マイケル・サンデルの、これからの正義の話をしようを読み始めたり、届いたばかりの本の紙の臭いを嬉しそうに嗅いだりする姿は、家族にとって、奇異なものであったと思う。そんな私を温かく見守ったくれた夫と息子には感謝しかない。

また、勤め先である社会福祉法人において、忙しい中にも理念について共有できる時間は確かにある。その言語化の過程で、奥平部長や木村部長との対話はとても刺激的であり、密かに感謝し続けてきた。また、良い支援をしようという掛け声をかけ続けている新開理事長があって、色々と考えることができているように思う。そんな環境にいられることに感謝申し上げたい。また、法人としてよい支援をしようというのは推奨されているが、社会の見方については、あくまでも私個人の感じ方である。これが所属法人の社会のとらえ方とイコールではないし、私自身イコールにするつもりもないことは付記しておきたい。

文中で引用してきた文献の著者の中にはリアルでの知り合いもいる。そういった方々だけでなく、幼少期に遊んだ仲間や大学時代の恩師の何気ない一言、近所のおばちゃんなんかから、私はいつも気づきをもらう。ありがたいなと思うと同時に、人と接する際のアンテナの感度を育んでくれたのはおそらく両親であることも加えたい。そして、もちろん、私に気づきを与えてくれるのは、クライアントの面々だ。大きな揺らぎを私にもたらし、関わり、生きてゆく面白さと奥深さと強さを身をもって表現してくださるクライアントの方々にも最大限の感謝と敬意を。

二〇二五年　猫布団が心地よい季節に

山岸倫子

本書のテキストデータを提供いたします

本書をご購入いただいた方で（個人の方のみ）、視覚障害、肢体不自由などの理由で書字へのアクセスが困難な方に本書のテキストデータを提供いたします。希望される方は、以下の方法にしたがってお申し込みください。

◎データの提供形式
CD-R を郵送、またはメールによるファイル添付。

◎申し込み方法
1. お名前・ご住所・データの提供形式（メールによるファイル添付を希望の場合はメールアドレスも）を明記した用紙
2. 下の引換券（コピー不可）
3. CD-R を希望の場合は 390 円切手と返信用封筒

以上を同封のうえ弊社までお送りください。

◉本書内容の複製は点訳・音訳データなど視覚障害の方のための利用に限り認めます。内容の改変や流用、転載、その他営利を目的とした利用はお断りします。

◎あて先
〒 160-0008
東京都新宿区四谷三栄町 6-5 木原ビル 303
生活書院編集部　テキストデータ係

【引換券】
ソーシャルワーカーズ
モノローグ

[著者紹介]

山岸　倫子
（ヤマギシ　トモコ）

ソーシャルワーカー（社会福祉士）。静岡大学人文学部社会学科卒業、東京都立大学大学院社会科学研究科修士課程（社会福祉学）修了、東京都立大学大学院社会科学研究科博士課程（社会福祉学）単位取得退学。社会福祉協議会で地域活動支援センター指導員補助、都内で生活保護面接相談員、生活困窮者自立相談支援窓口の立ち上げを経験。現在、社会福祉法人新栄会厚生事業部事業部長。

主な論文に、

「『障害』の肯定／否定をめぐる論議とピア・カウンセリングの意義」（『社会福祉学評論（第7号）』社会福祉学会関東部会、2007年）、「障害個性論の再検討」（『社会福祉学評論（第9号）』社会福祉学会関東部会、2009年）など。

芦沢茂喜との共著に、

『ソーシャルワーカーになりたい――自己との対話を通した支援の解体新書』（生活書院、2020年）、『ソーシャルワーカーのミカタ―― 対話を通してともに「解」を探す旅の軌跡』（生活書院、2022年）がある。

ソーシャルワーカーズモノローグ
――ダイアローグのための覚書

発　行――――二〇二五年三月一〇日　初版第一刷発行
著　者――――山岸　倫子
発行者――――髙橋　淳
発行所――――株式会社　生活書院
〒一六〇―〇〇〇八
東京都新宿区四谷三栄町六―五　木原ビル三〇三
TEL　〇三―三二二六―一二〇三
FAX　〇三―三二二六―一二〇四
振替　〇〇一七〇―〇―六四九七六六
http://www.seikatsushoin.com

印刷・製本――株式会社シナノ

Printed in Japan

ISBN 978-4-86500-184-6

定価はカバーに表示してあります。

乱丁・落丁本はお取り替えいたします。

大好評発売中！

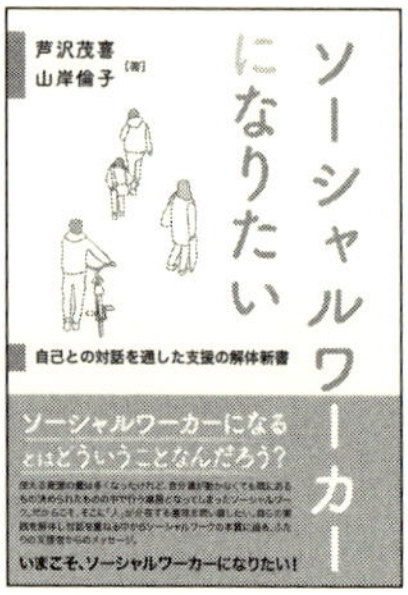

ソーシャルワーカーになりたい

自己との対話を通した支援の解体新書

芦沢茂喜・山岸倫子【著】　　A5判並製　本体2,000円

ソーシャルワーカーになるとはどういうことなんだろう？　使える資源の量は多くなったけれど、自分達が動かなくても既にあるもの決められたものの中で行う業務となってしまったソーシャルワーク。だからこそ、そこに「人」が介在する意味を問い直したい。自らの実践を解体し対話を重ねる中からソーシャルワークの本質に迫る、ふたりの支援者からのメッセージ。いまこそ、ソーシャルワーカーになりたい！

［主な目次］

Ⅰ　おもいおもわれ、ふりふられ――ソーシャルワーカーになりたい私のものがたり　芦沢茂喜

第１章　言葉の裏には想いがある／第２章　振り回されるのが仕事／第３章　ポジショニング／第４章　私があるのは、私という道具だけ／第５章　問題だと思っている人がいて、初めて問題になる／第６章　ただその場にいるだけのソーシャルワーカー

Ⅱ　その人の世界に出会う――わたしの「世界」とその人の「世界」の接点で　山岸倫子

第１章　わたし　育つ／第２章　わたし　出会う／第３章　わたし　冒険する／第４章　わたしと当事者性／第５章　わたし　かかわる／第６章　彼女 - わたし - 社会

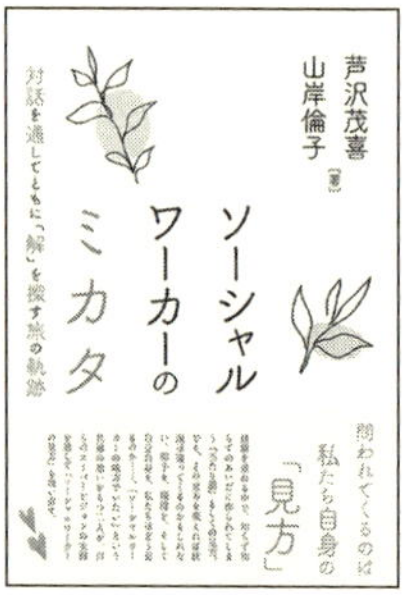

ソーシャルワーカーのミカタ

対話を通してともに「解」を探す旅の軌跡

芦沢茂喜・山岸倫子【著】　　A5判並製　本体2,000円

経験を重ねる中で、知らず知らずのあいだに作られてしまう「当たり前」としての見方。も、その見方を変えれば状況は違ってくるのかもしれない。相手を、環境を、そして自分自身を、私たちはどう見るのか……。「ソーシャルワーカーの味方でいたい」という共通の想いをもつ二人が、自らのスーパービジョンの実践を通して「ソーシャルワーカーの見方」を問い直す。

［主な目次］

Ⅰ　届かぬ影を追い求め――ソーシャルワーカーになりたい私のその後のものがたり　芦沢茂喜

第１章　立場／ポジション／第２章　歴史／ヒストリー／第３章　起点／スタート
第４章　過程／プロセス／第５章　時間／タイム／第６章　自立／インディペンデンス

Ⅱ　ただひたすらに、その人を中心に据える　山岸倫子

第１章　相談室の入り口／第２章　とにかくひたすら頭を使うこと――把握し、組み立てる／第３章　腹を決めて、覚悟を決めて